동영상 강의 및 감수 고종훈
서울대학교 동양사학과를 졸업했습니다. 한국사검정시험에서 수많은 합격자를 배출, 메가스터디 한국사 9년 연속 유료 수강생 1위, 누적 수강생이 70만 명 이상인 검증된 한국사 대표 강사입니다. 검증된 역사 지식을 바탕으로 많은 사람들에게 올바른 역사 인식을 심어주고자 노력하고 있습니다.

기획 및 감수 최인수
이화여자대학교에서 지리교육 및 역사교육을 전공, 구리 인창중학교에서 역사를 가르쳤습니다. 많은 아이들이 바른 역사를 알기를 바라는 마음으로 어린이 도서 전문 기획자로 활동하고 있습니다.

감수 공미라
이화여자대학교에서 역사교육을 전공, 교육대학원에서 석사학위를 받았습니다. 현재 남양주시 주곡중학교에서 역사를 가르치고 있습니다.

글 심선민
중앙대학교에서 역사학과 문예창작학을 공부했습니다. 문화예술교육진흥원의 〈꿈다락 토요문화학교〉 문학예술강사로 활동 중입니다. 아이들과 어울리고 배우는 일이 좋아 역사와 문학, 글쓰기를 함께 공부하며 글을 쓰고 있습니다.

그림 박종호
동아, LG 국제만화페스티벌에서 〈세상에서 가장 행복한 날〉, 〈여섯 번째 손가락 이야기〉로 상을 받았습니다. 어린이들에게 가장 좋은 작품을 선보이기 위해 노력하고 있으며 재미있는 캐릭터와 생동감 넘치는 연출이 매력적입니다. 대표작으로는 〈이이화 선생님이 들려주는 만화 한국사〉, 〈바로 보는 세계사〉, 〈세계대역사 50사건〉, 〈Hello! MY JOB〉 등이 있습니다.

 조선 후기

글 심선민 그림 박종호
감수 고종훈 공미라 최인수

1판 1쇄 인쇄 2017년 1월 13일
1판 4쇄 발행 2021년 1월 5일

펴낸이 김영곤
키즈융합부문대표 이유남   **키즈융합부문이사** 신정숙
키즈사업본부장 김수경   **에듀1팀** 김지혜 윤수지   **기획개발** 탁수진
영업본부장 김창훈   **영업1팀** 임우섭 송지은   **영업2팀** 이경학 오다은
마케팅본부장 변유경   **마케팅1팀** 김정은 문윤정 구세희
표지·본문디자인 씨디자인_조정은
본문편집디자인 02정보디자인연구소
사진 제공 이뮤지엄(국립중앙박물관 외), 문화재청, 숭실대학교 한국기독교박물관, 국립중앙박물관 도록, 국립공주박물관 도록, 국립전주박물관 도록, 왕의 초상, 조선중앙력사박물관 도록, 육군박물관 도록, 국립광주박물관 도록, 국립대구박물관 도록, 두암 기용두 도록, 연합뉴스, 위키피디아, 위키미디어

펴낸곳 (주)북이십일 아울북
주소 (우 10881)경기도 파주시 회동길 201
연락처 031-955-2100 (대표) 031-955-2445(내용문의) 031-955-2177(Fax)
홈페이지 www.book21.com
〈생방송 한국사〉 오류 및 수정 내용은 네이버 '웃찾공'카페 도서 관련 공지사항을 통해 확인하실 수 있습니다.

등록번호 2000년 5월 6일 제 406-2003-061호
이 책 내용의 일부 또는 전부를 재사용하시려면 반드시 (주)북이십일의 동의를 얻어야 합니다.
잘못 만들어진 책은 구입하신 서점에서 교환해 드립니다.

- 제조자명 : (주)북이십일
- 주소 및 전화번호 : 경기도 파주시 회동길 201(문발동) / 031-955-2100
- 제조연월 : 2021년 01월 05일
- 제조국명 : 대한민국
- 사용연령 : 8세 이상 어린이 제품

한국사, 더 쉽고 재밌고 생생하게!

생방송 한국사

글 심선민 그림 박종호 기획 최인수 강의 고종훈

06 조선 후기

아울북

생방송 한국사 소개

〈생방송 한국사〉에서는 역사 현장이라면 어디든지 떠나는 김역사 기자가 취재한 역사 이야기를 생생한 뉴스로 들을 수 있어요. '헤드라인 뉴스'에서 김역사 기자가 취재한 이야기를 직접 전해 듣고, '인물 초대석'으로 역사 인물들의 속마음을 직접 들어보기도 해요.

역사 인물들이 손수 만들고 사용했던 물건들에 대한 이야기, 위험천만했던 전쟁과 그 당시 수많은 고민들 등의 이야기를 듣다 보면 역사는 이제 먼 옛날의 이야기가 아니라 지금 우리의 현재 이야기가 되고, 또 미래의 이야기가 되기도 할 거랍니다.

또 이 모든 이야기를 역사 전문가 고종훈 선생님이 동영상 강의로 한 번, '한국사 브리핑'으로 다시 한 번 정리해준다니 역사가 더 이상 어렵지 않겠죠? 그럼 김역사 기자와 함께 역사 취재 현장으로 떠나 볼까요?

 **구성과 특징**

인물의 주요 사건과 업적이 한눈에
보기 쉽게 그림과 연표로 구성되어 있어요.

그 시대의 다양한 뒷이야기를 통해
지루한 역사가 더욱 재미있어져요.

타임라인 뉴스 ▶ 주요 뉴스 ▶ 스페셜 뉴스

교과서 핵심 개념을 뉴스 취재 형식으로 보여주어
쉽게 이해하고 깊이 생각할 수 있게 해요.

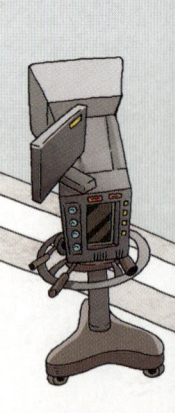

사건과 인물을 하나하나 연결하면서
복잡한 인물들의 순서도 금방 익혀요.

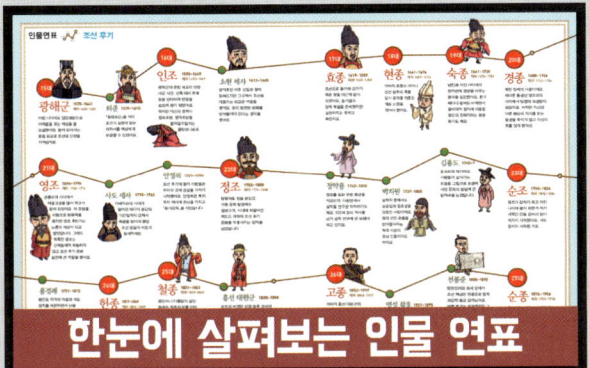

한눈에 살펴보는 인물 연표

| 고종훈의 한국사 브리핑 | 인물 연표 | 동영상 강의 |

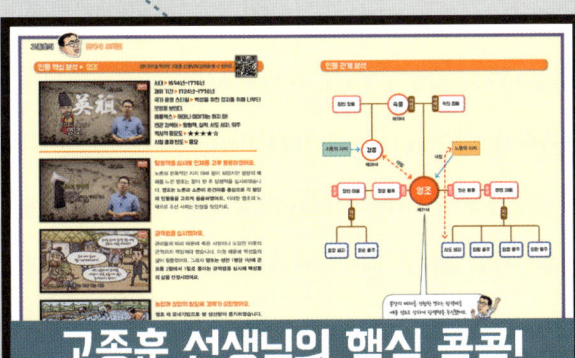

고종훈 선생님의 핵심 콕콕!

고종훈 선생님과 함께 인물과 사건의
핵심 내용을 알기 쉽게 다시 한 번 요약해요.

동영상 강의로 다시 한번 정리

고종훈 선생님의 각 인물별 5분 동영상 강의로
20명의 인물을 완벽하게 정리해요!
('고종훈의 한국사 브리핑' 상단의 QR코드를 찍으면 영상
을 볼 수 있어요.)

▶ 방송 순서

생방송 한국사 소개 … 4
구성과 특징 … 6

01 광해군 실리 vs 의리 … 12

1 심층 취재 – 광해군, 천신만고 끝에 왕위에 오르다
2 인물 초대석 – 대동법을 시행하라
3 헤드라인 뉴스 – 광해군의 중립 외교 논란
스페셜 뉴스 ▶ 인물 포커스 – 광해군은 왜 패륜아라 불리는가? ▶ 현장 브리핑 – 광해군의 궁궐 보수 공사, 득일까 실일까? ▶ 취재 수첩 – 뛰어난 재능, 엇갈린 운명의 두 여인 : 신사임당과 허난설헌
고종훈의 한국사 브리핑

02 허준 조선 사람에게 조선 의술을 … 28

1 헤드라인 뉴스 – 동양 의학의 결정체, 「동의보감」
2 심층 취재 – 조선 의학의 수준을 끌어올리다
스페셜 뉴스 ▶ 현장 브리핑 – 「동의보감」은 아픈 사람을 일어나게 한다
고종훈의 한국사 브리핑

03 인조 병자호란이 일어나다 … 37

1 헤드라인 뉴스 – 친명배금 정책의 결과는?
스페셜 뉴스 ▶ 10분 토론 – 청과 싸워서 자존심을 지키자 vs 청을 구슬리면서 백성을 돌보자
고종훈의 한국사 브리핑

04 소현 세자 조선 왕실의 의문사 … 45

1 헤드라인 뉴스 – 소현 세자, 새로운 조선을 꿈꾸다
2 심층 취재 – 소현 세자의 의문의 죽음
스페셜 뉴스 ▶ 인물 인터뷰 – 자신의 삶을 개척한 당찬 여인, 세자빈 강씨
고종훈의 한국사 브리핑

05 효종 북벌을 펼치겠노라 … 58

1 인물 초대석 – 봉림 대군, 왕위에 오르다
2 헤드라인 뉴스 – 효종의 북벌 운동, 실현 가능한 것인가?
3 심층 취재 – 조선 조총수들의 대활약, 나선 정벌
스페셜 뉴스 ▶ 취재 수첩 – 조선 최초의 귀화인, 박연 ▶ 인물 포커스 – 「하멜 표류기」로 조선을 알린 서양인, 하멜
고종훈의 한국사 브리핑

06 현종 예법에 대한 논쟁 ································· 76

1 헤드라인 뉴스 – 상복을 몇 년 입느냐, 그것이 문제로다!
2 심층 취재 – 예의로 인해 또 발생한 논쟁
스페셜 뉴스 ▶ 현장 브리핑 – 온 백성을 공포에 떨게 만든 대기근
고종훈의 한국사 브리핑

07 숙종 붕당의 대립 ································· 86

1 헤드라인 뉴스 – 붕당 정치에서 환국으로
2 심층 취재 – 아내마저 정치적으로 이용한 지략가, 숙종
3 헤드라인 뉴스 – 장희빈과 인현 왕후, 무수리 최씨까지!
스페셜 뉴스 ▶ 취재 수첩 – 대동법의 확대로 조선 사회가 발전하다! ▶ 인물 인터뷰 – 비운의 왕, 경종
고종훈의 한국사 브리핑

08 영조 탕평책을 실시하라 ································· 104

1 헤드라인 뉴스 – 붕당을 넘어 탕평으로
2 심층 취재 – 균역법을 시행하라!
3 헤드라인 뉴스 – 농촌에 부는 변화의 바람, 모내기법
스페셜 뉴스 ▶ 인물 인터뷰 – 문물 제도 정비로 중흥기를 이끈 영조 ▶ 취재 수첩 – 암행어사 박문수, 사실(史實)인가 설화인가?
고종훈의 한국사 브리핑

09 사도 세자 탕평의 희생양 ································· 120

1 헤드라인 뉴스 – 멀어진 부자 사이
2 심층 취재 – 죽음으로 내몰린 사도 세자
스페셜 뉴스 ▶ 문화계 소식 – 사도 세자의 그날을 기록한 눈물의 일기, 『한중록』
고종훈의 한국사 브리핑

10 안정복 우리의 것을 바로 알자 ································· 129

1 헤드라인 뉴스 – '우리의 것'을 알자!
2 심층 취재 – 안정복, 우리 역사를 만천하에 알리다
스페셜 뉴스 ▶ 문화계 소식 – 우리 땅을 그대로 재현한 『대동여지도』
고종훈의 한국사 브리핑

▶ 방송 순서

치밀한 전략가 정조의 탕평책

11 정조 조선 왕조의 부흥 ···················· 138
1 심층 취재 – 치밀한 전략가 정조의 탕평책
2 인물 초대석 – 개혁의 상징, 수원 화성
스페셜 뉴스 ▶ **현장 브리핑** – 정조 개혁 정치의 대표 공간, 규장각 나들이 ▶ **취재 수첩** – 누구나 장사를 할 수 있다! ▶ **인물 포커스** – 조선의 여성 사회 활동가, 김만덕
고종훈의 한국사 브리핑

정조의 남자 정약용

12 정약용 농업을 중심으로 실용을 외치다 ···················· 156
1 심층 취재 – 정조의 남자, 정약용
2 인물 초대석 – 농업을 중심으로 조선을 개혁하라!
스페셜 뉴스 ▶ **문화계 소식** – 정약용의 명작을 만나다
고종훈의 한국사 브리핑

북학 사상의 선구자, 박지원

13 박지원 상공업을 중심으로 실용을 외치다 ···················· 165
1 헤드라인 뉴스 – 북학 사상의 선구자, 박지원
2 인물 초대석 – 상공업의 발전을 꾀하라
스페셜 뉴스 ▶ **문화계 소식** – 유쾌, 상쾌, 통쾌한 박지원의 풍자 소설
고종훈의 한국사 브리핑

시대를 그린 화가, 김홍도

14 김홍도 시대를 그린 화가 ···················· 175
1 헤드라인 뉴스 – 시대를 그린 화가 김홍도
스페셜 뉴스 ▶ **인물 포커스** – 또 다른 천재 화가, 신윤복! 조선의 여인을 그리다
고종훈의 한국사 브리핑

홍경래, 세도 정치에 맞서다

15 홍경래 세도 정치를 타파하라 ···················· 183
1 심층 취재 – 홍경래, 세도 정치에 맞서다
스페셜 뉴스 ▶ **인물 포커스** – 서민들의 애환을 위로하다. 방랑 시인, 김삿갓
고종훈의 한국사 브리핑

강화도령, 왕이 되다

16 철종 민란의 시대 ···················· 191
1 헤드라인 뉴스 – 강화도령, 왕이 되다
스페셜 뉴스 ▶ **비하인드 뉴스** – 온 나라에 뜨거운 불씨를 지핀 진주 농민 봉기 ▶ **인물 포커스** – 효명 세자와 신정 왕후
고종훈의 한국사 브리핑

17 고종 근대화의 격동기 · 201

1 헤드라인 뉴스 – 험난했던 고종의 집권 과정
2 인물 초대석 – 흥선 대원군과 고종의 갈등
3 헤드라인 뉴스 – 고종, 대한 제국을 선포하다!
스페셜 뉴스 ▶ 그때 그 물건 – 조선에 들어온 신문물을 소개합니다!
고종훈의 한국사 브리핑

18 흥선 대원군 문을 닫아 나라를 보호하라 · · · · · · · · · · · 211

1 헤드라인 뉴스 – 세도 정치에 맞서 왕권을 강화하라!
2 심층 취재 – 서양과의 수교를 거부한 흥선 대원군
스페셜 뉴스 ▶ 취재 수첩 – 무덤을 파헤치는 야만인들, 커져가는 서양에 대한 적개심 ▶ 비하인드 뉴스 – 파락호 흥선 대원군과 김용환
고종훈의 한국사 브리핑

19 명성 황후 외교로 돌파구를 찾아라 · · · · · · · · · · · · · · · 221

1 심층 취재 – 유능한 외교관인가, 나라를 망친 왕비인가?
스페셜 뉴스 ▶ 비하인드 뉴스 – 명성 황후 시해 사건 : 작전명 '여우 사냥'
고종훈의 한국사 브리핑

20 전봉준 새야 새야 파랑새야 · 229

1 헤드라인 뉴스 – 농민이 주인 되는 세상을 꿈꾸다
스페셜 뉴스 ▶ 취재 수첩 – 녹두 장군 전봉준의 최후
고종훈의 한국사 브리핑

인물 연표 · · · 236
찾아보기 · · · 238

# 타임라인 뉴스

1575	선조와 후궁 공빈 김씨 사이에서 둘째 아들로 태어나다
1592	임진왜란이 벌어진 상태에서 세자로 책봉되다 세자로 임진왜란의 분조를 이끌다
1606	선조의 두 번째 왕비인 인목 왕후가 영창 대군을 낳다
1608	제15대 임금으로 즉위하다 종묘와 창덕궁 수리를 명하다 영의정 이원익의 건의로 대동법을 실시하다
1609	형 임해군을 강화도로 유배를 보내다
1610	허준이 『동의보감』을 완성하다
1611	인목 대비를 경운궁 안의 서궁에 가두다
1613	영창 대군을 강화로 귀양을 보내다
1614	영창 대군이 죽다
1616	후금이 건국되어 조선에 위협이 되다
1618	허균이 역모죄로 처형되다
1619	명의 요청으로 후금을 정벌하기 위한 군사 1만 명을 보내다 강홍립이 광해군의 중립 외교 정책에 따라 후금에 항복하다 명이 또 다시 군사를 요청했으나 단호하게 거부하다
1623	인조반정에 의해 왕위에서 쫓겨나 강화로 유배를 당하다
1641	제주도에서 죽음을 맞다

1 심층 취재

생방송 한국사

광해군, 천신만고 끝에 왕위에 오르다

백성 여러분, 축하해 주십시오. 임진왜란 때 백성과 함께 온갖 고생을 하며 전란의 한가운데를 뚫고 온 광해군이 드디어 왕위에 올랐습니다. 실로 눈물겨운 세자 시절이었는데요, 그간의 상황을 심층 취재를 통해 알아보도록 하겠습니다.

> 광해군은 선조와 후궁인 공빈 김씨 사이에서 태어난 아들입니다.

김역사 기자

첫째 임해군은 지혜가 짧고 포악하여 일찍감치 왕세자 후보에서 제외되었고, 임진왜란이라는 예상치 못한 사건이 터지면서 광해군은 급하게 세자가 되었어요. 세자가 된 광해군은 18세의 어린 나이에 임시 조정인 분조를 이끌었지요. 분조란, 말 그대로 '조정을 둘로 나누다'란 의미예요. 임진왜란이 일어나자 조정을 둘로 나누어 반은 선조를 따라 의주로 피란을 가고, 반은 광해군을 따라 함경도와 강원도 등의 지역으로 가서 왜군을 막도록 한 것입니다.

분조 활동은 광해군에게는 자신의 활약을 보여 줄 기회가 되었어요. 선조는 전쟁의 상황이 심각하다고 판단해 조선 땅이 아닌 명으로 피란을 가려 했지만, 광해군은 백성과 같은 음식을 먹고 같은 곳에서 자며 전쟁을 치렀어요. 이에 대한 백성과 명의 생각을 알아봤습니다.

백성

세자 저하께서는 곧 나라를 찾을 수 있으니 힘을 내라고 저희를 위로해 주셨습니다. 저희에게는 큰 힘이 됐습지요.

명 신하

정식 절차를 밟지 않은 광해군을 세자로 인정하기는 어렵지만, 그가 능력이 뛰어난 인재인 건 분명하다해~.

이런 아들의 모습을 보며 선조는 왕의 자리를 빼앗길지 모른다는 불안에 시달렸어요. 그러던 차에 선조는 전쟁 후 새로 얻은 왕비에게서 아들 영창 대군을 보게 되었습니다. 정식 왕비 소생이라 세자인 광해군을 위협할 수 있는 존재였죠. 조정에서는 선조가 광해군을 **폐위**시키려 한다는 소문이 돌았습니다. 취재팀은 궁궐 내시를 만나 물어봤습니다.

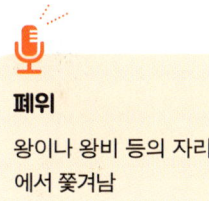

폐위
왕이나 왕비 등의 자리에서 쫓겨남

김 내시

선조 임금님이 세자 저하를 미워한 것은 궁궐 사람들이라면 다 아는 사실이죠. 세자 저하가 문안 인사라도 올리려고 하면 "어째서 세자의 문안이라고 하느냐, 너는 임시 세자이니 다시는 오지 말아라!"하고 내쫓더라니까요.

그런데 운명은 광해군의 편이었던 모양입니다. 영창 대군이 아직 어린 나이에 선조가 죽으면서 광해군은 왕이 될 수 있었습니다. 그러나 명은 첫째 임해군과 왕비 소생의 영창 대군이 있는데 왜 광해군이 왕이 되냐며 반대를 했어요. 또 왕이 되자마자 영창 대군을 지지하는 세력들의 반란이 일어나 광해군의 앞길이 순탄치만은 않을 것 같습니다.

2 인물 초대석

생방송한국사

대동법을 시행하라

이번 순서는 〈인물 초대석〉입니다. 최근 조선 사회의 가장 심각한 문제 중 하나인 공납 때문에 백성들이 힘들어하고 있는데요, 대동법 실시를 강하게 주장하고 있는 이원익 대감을 이 자리에 모셨습니다. 공납이라는 게 대체 뭐기에 이렇게까지 백성들을 힘들게 하는 걸까요?

이원익 대감

공납은 그 지역에서 구할 수 있는 특별한 상품인 특산품을 세금으로 걷는 것입니다. 그런데 전쟁이 나거나 흉년이 들어 특산품을 생산하지 못한 경우 세금을 낼 수 없게 되어 백성들이 큰 피해를 입었지요. 그렇다고 다른 물건으로 낼 수도 없어요. 나라에서 걷어야 할 물건의 종류와 수가 정해져 있어 함부로 다른 물건을 대신 바칠 수도 없죠.

그럼 특산품을 내지 못하게 되면 어떤 일이 벌어집니까?

 공납을 내지 않으면 더 큰 벌을 받게 되니 다른 마을에서 물건을 사서 바치거나, 아니면 중간 상인들한테 물건을 구해달라고 합니다.

더 큰 문제는 중간 상인들이 이런 어려운 상황을 이용해서 자신들의

이익을 챙기려고 해 원래 물건의 가격보다 수십 배 이상 비싸지는 상황이 벌어졌지요.

듣고 보니 이치에도 맞지 않고, 비효율적인 방법이라는 생각이 듭니다. 이 시점에서 농민과의 인터뷰를 보시겠습니다.

농민 막쇠

옆집 살던 길남이는 공납을 못 내겠다며 도망가 버리고, 관리들은 우리가 길남이 이웃에 산다는 이유로 그 놈 몫까지 두 배 세 배를 더 내라 하니, 나도 확 도망이나 가버렸으면 좋겠슈.

그래서 대동법은 '공납' 대신 '쌀'이나 베·무명, 돈 등을 바칠 수 있게 한 제도입니다. 집집마다 내는 특산물 대신에 토지를 기준으로 걷는 겁니다. 그러면 국가는 그 쌀을 가지고 나라에 필요한 물건을 시장에서 직접 사들이면 되는 거죠. 대동법은 토지를 기준으로 하기 때문에 많은 땅을 가진 땅 주인들, 특히 양반들의 불만이 큽니다. 그래서 우선은 경기도부터 시작해 차츰 넓혀 가려고 합니다.

광해군은 임진왜란으로 나라가 혼란스러운 상황에 인구는 몇 명인지, 어떤 기준으로 세금을 걷을 것인지 제대로 파악하기 위해 토지 대장을 만들고 인구 조사를 실시할 것을 명하셨습니다. 이제 조선도 천천히 회복될 것이니 백성 여러분, 조금만 참고 기다려 주십시오.

대동법의 시작으로 점차 공납으로 피해 받는 백성이 줄어들 것이라 기대됩니다. 이상입니다.

3 헤드라인 뉴스

떠오르는 해 후금과 지는 해 명 사이에 놓인 조선의 운명은 어떻게 될까요?

광해군의 중립 외교 논란

명이 조선에 지원군을 보내며 힘이 분산된 사이 북쪽의 여진은 힘을 키워 후금(후일 청)을 세웠습니다. 현재 조선은 우리를 도와준 명에 대한 의리를 지킬 것이냐, 새로운 강국인 후금의 심기를 거스르지 않고 잘 지내면서 실리를 챙길 것이냐 하는 기로에 서 있습니다.

명은 후금과의 계속된 전쟁에 필요한 군대를 지원해 달라고 조선에 요청하였습니다.

김역사 기자

광해군의 특별한 지시까지 받은 강홍립 장군은 1만 명의 병사를 끌고 중국으로 향했습니다. 도대체 어떤 지시를 받은 것일까요?

광해군은 강홍립 장군에게 적당히 싸우다가 때를 보아 후금에 항복하라고 명령했어요. 강홍립 장군은 눈치껏 잘 실행에 옮겼고, 후금 장수에게 '명의 눈치를 보느라 어쩔 수 없이 군사를 보냈을 뿐 후금과 싸울 마음이 없다.'는 광해군의 뜻을 전합니다.

중립 외교로 명과 후금 어느 쪽도 기분 나쁘게 하지 않고 전쟁의 위기로부터 조선의 안전을 지킨 광해군. 그러나 싸움의 불씨는 조선 안에 있었습니다. 유학자들이 격렬한 반대 **상소문**을 올리며 광해군을 향한 반대 운동을 이어간 것이죠. 오랑캐가 세운 나라인 후금에 항복했다는 것은 성리학의 나라인 우리 조선을 우습게 만든 처사라며 강하게 반대했어요. 또 명은 조선에게 아버지와 같은 나라인데, 예절과 은혜가 뭔지도 모르는 자가 어찌 왕의 자리에 있을 수 있겠냐고 주장하는 사람들도 많았어요.

이와 같이 큰 나라를 섬기는 것을 사대라고 합니다. 명이 사대 외교만을 인정했기 때문에 달리 방법도 없었지만, 잘만 이용하면 사대 외교가 꼭 나쁜 것만은 아니었어요. 사대 외교의 대가로 명은 조선에 책을 비롯한 많은 선진 문물을 나눠 주었거든요. 하지만 임진왜란 이후 조선 정부는 실리를 따지지 않은 채 맹목적으로 사대만을 주장해 문제가 되었던 거예요. 망해가는 나라인 명을 섬긴다는 건 아무래도 후금의 침략을 가져올 수밖에 없으니까요.

한편, 광해군은 신하들의 거센 반발에도 한결같은 입장을 지키는 상황입니다. 무엇보다 임진왜란 시기에 분조를 이끌며 백성들의 고난을 목격했던 경험이 조선을 또 다시 전쟁에 휘말리게 할 수 없다는 의지로 이어진 게 아닌가 전문가들은 분석하고 있습니다.

임진왜란 이후 주변 나라들과의 활발한 외교 관계를 추구한 광해군은 포로를 돌려받는 조건으로 외교 사절인 **통신사**를 일본에 보내기도 했어요. 이렇듯 실제 이익을 중시하고 국제 정세를 파악하는 광해군의 안목은 그 시대를 통틀어 가장 탁월했다고 평가할 수 있겠습니다. 하지만 이번 일로 반대파 신하들에게 광해군을 공격할 수 있는 무기를 선물해 주어 광해군을 물러나게 할 명분을 제공하는 것이 아닌가 하는 걱정 섞인 목소리도 있습니다.

중립 외교

광해군 때 실시하였던 외교 정책이에요. 명과 후금 사이에서 어느 한 쪽의 손을 들어주지 않고, 조선의 사정에 맞춰 실리를 취하는 외교 정책이지요.

상소문

신하가 왕에게 건의하고 싶은 사항을 전달하는 글

통신사

조선 통신사는 일본에 파견된 공식 외교 사절로, 왜란 이후 일본에 총 12차례 파견되었어요. 사신뿐 아니라 의원, 화가, 도자기 기술자 등을 포함해 500여 명 정도로 구성되며 정치와 문화 사절단의 역할을 했어요.

스페셜뉴스 인물 포커스

광해군은 왜 패륜아라 불리는가?

김역사 기자

1614년, 강화도에서는 9세 영창 대군의 처량하고도 날카로운 마지막 울음소리가 퍼졌습니다. 어린 대군의 목숨을 앗아간 것은 간신들의 계략에 의한 것이었을까요, 아니면 누군가의 명령에 의한 것이었을까요? 패륜, 인간이 지켜야 할 도리에 어긋난 것을 뜻하는 단어죠. 오늘의 〈인물 포커스〉에서는 광해군은 왜 뛰어난 정치적 업적을 남겼음에도 패륜아라는 말을 들어야 했는지 그 이유를 알아봅니다.

1. 형 임해군을 죽음으로 몰고 가다

당시 조선은 새로운 왕이 왕위에 오르면 명에 보고를 하고 승낙을 받아야 했어요. 그런데 명은 광해군이 얼마나 똑똑한지 임진왜란 당시 충분히 보았지만, 형이 있다는 이유로 광해군을 왕으로 인정하려 들지 않았지요. 광해군을 지지하는 신하들은 결단을 내려야 했어요. 그들은 성질이 포악했던 임해군에게 역모를 꾀하려 했다는 누명을 뒤집어 씌워 강화도로 유배를 보냈다가 결국 처형시켰어요. 왕위에 오르기 위해 자신의 친형까지 죽인 셈이 된 거지요.

2. 영창 대군을 제거하다

이제 광해군의 왕위를 위협하는 존재는 영창 대군 하나였어요. 이를 위해 광해군과 그 신하들은 결국 인목 대비의 아버지가 영창 대군을 왕으로 삼기 위해 역모를 꾸몄다고 말하고 인목 대비의 아버지를 죽여 버려요. 또 나이 어린 영창 대군은 강화도에 유배시킵니다. 이런 일들이 벌어지면서 유교 사회 조선은 서서히 광해군에게 등을 돌리기 시작했어요. 신하들의 반발 또한 거셌지요. 안타깝게도 영창 대군은 유배 생활 중에 목숨을 잃고 맙니다.

『광해군 일기』에는 신하 정항이 영창 대군을 집 안에 가두고 아궁이에 불을 때서 온돌 바닥을 뜨겁게 달군 뒤 그 뜨거운 열기로 대군을 죽였다고 기록되어 있어요.

3. 새어머니 인목 대비를 쫓아내다

임진왜란이 끝나고 선조는 결혼을 했어요. 의인 왕후의 죽음으로 자리가 비어 있는 왕비 자리에 인목 대비(소성 왕후)가 들어온 거죠. 인목 대비는 광해군보다 어렸어요. 곧이어 아들 영창 대군도 낳았죠. 인목 대비는 엄연히 세자가 있음에도 자신의 아들에게 세자 옷을 입히는 등의 행동으로 광해군을 불안에 떨게 했어요.

이후 자신의 아들이 광해군에 의해 죽자 둘의 관계는 모자지간이 아니라 원수지간으로 변했어요. 그러다 광해군은 서궁인 경운궁(지금의 덕수궁)에 인목 대비를 가두어 두고 혼자 창덕궁으로 돌아가 버렸지요. 이때부터 인조반정(광해군이 폐위되고 인조가 왕이 된 사건)이 일어날 때까지 어머니를 서궁에 살게 하며 보살피지 않았어요.

차마 사람으로서 하기 힘든 일을 해 가며 광해군은 왕권을 안정시켰다고 생각했을 거예요. 하지만 이러한 일들은 오히려 광해군의 정치적 적들에게는 꽁꽁 단결할 수 있는 힘을 주었지요. 그래도 이런 패륜의 일들로 광해군의 정치적 업적을 가려서는 안 돼요. 전란의 피해를 극복하고 사회를 안정시키는 데 광해군 만큼 뛰어난 업적을 남길 수 있는 사람은 그 당시에 없었을 거예요.

광해군의 궁궐 보수 공사, 득일까 실일까?

오늘은 특별히 뜨거운 논란이 되고 있는 광해군의 '궁궐 보수 공사'에 대한 시청자 여러분의 의견을 들어 보기로 하겠습니다. 먼저 사전 여론 조사를 통해 '궁궐 보수 공사'에 대한 찬반 여부를 물어봤습니다. 표를 보시죠.

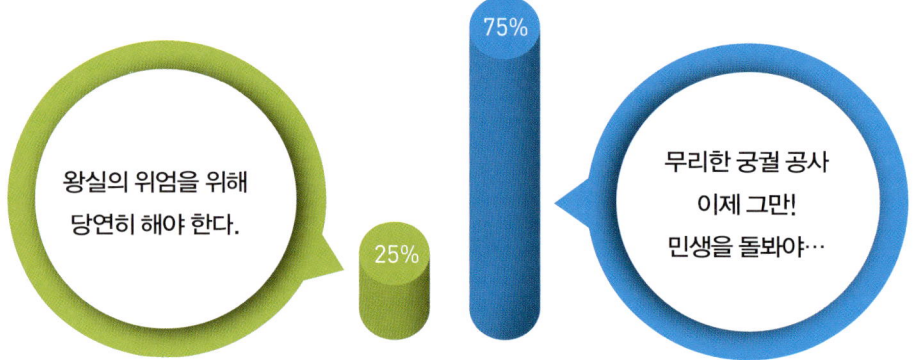

75%

무리한 궁궐 공사 이제 그만! 민생을 돌봐야…

25%

왕실의 위엄을 위해 당연히 해야 한다.

결과를 보면 압도적으로 반대 비율이 높다는 것을 알 수 있군요. 그럼에도 광해군은 창덕궁 공사를 마치고, 창경궁과 경운궁(덕수궁)을 보수했으며, 최근에는 인경궁과 경덕궁(경희궁)을 지으려 하고 있습니다. 임진왜란으로 궁궐이 불타 왕이 머물 곳이 없으니 다시 보수하여 왕실의 위엄을 높이는 것은 어찌 보면 당연한 일입니다. 하지만 문제가 되는 이유는 무엇 때문일까요? 대규모 궁궐 보수 공사에는 어마어마한 공사 비용이 들고, 매번 많은 백성들을 강제로 동원해야 하기 때문입니다. 심지어 재정 문제 때문에 궁궐 보수 공사가 중단될 위기를 맞자 광해군이 전쟁 중에 판매했던 공명첩을 다시 판매한다는 소식도 전해집니다. 공명첩은 이름을 적는 칸이 비어 있는 관직 임명장인데요, 이 공명첩으로 관직을 사고 팔았던 것이죠.

백성들의 생생한 목소리를 들을 수 있는 'SNS 뉴스 제보'를 통해 자세한 내용을 알아봤습니다. 도토리톡과 인터넷을 통해 접수된 반응들을 보시죠.

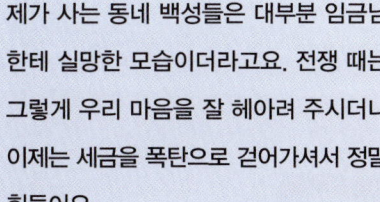
백성 2: 제가 사는 동네 백성들은 대부분 임금님한테 실망한 모습이더라고요. 전쟁 때는 그렇게 우리 마음을 잘 헤아려 주시더니 이제는 세금을 폭탄으로 걷어가셔서 정말 힘들어요.

백성 1: 그놈의 공사 때문에 성 근처의 나무라는 나무는 싹 다 베서 옮기라고 하는데, 그걸 궁궐까지 옮기는 것도 우리들 몫이잖아요. 궁궐 짓는다고 강제로 끌려간 사람들은 또 어쩌고요? 돈은 돈대로 내고 일은 일대로 해야 하니 대체 언제 농사를 지으라는 건지…….

백성 3: 어떻게 한 번도 아니고, 두 번 세 번 네 번 연달아 공사를 할 수 있대요? 처음에는 참으려고 했는데 이제는 도대체 누구를 위해 공사를 하는 건지 모르겠네요.

보시다시피 백성들의 반응은 냉랭합니다. 그럼에도 광해군은 공사에 대한 집념을 꺾지 않고 오히려 더 불태우고 있다고 합니다.
눈에 보이는 으리으리한 성을 세운다고 해서 왕의 힘이 더 강해지는 것은 아닐 것입니다. 오히려 무리한 공사로 임진왜란 때 쌓아올린 백성들의 소중한 민심을 잃게 된 것은 아닐까요? 세자 시절 전쟁을 수습하고 백성들의 곁에 남아 싸우던 모습과 비교되어 더 아쉽게 느껴집니다. 참여해 주신 백성 여러분께 감사의 말씀을 전합니다.

스페셜뉴스 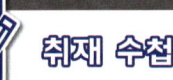 취재 수첩

뛰어난 재능, 엇갈린 운명의 두 여인 : 신사임당과 허난설헌

조선 시대는 전반적으로 여성의 사회 진출이 허용되지 않았습니다. 조선 전기 여성은 고려 시대와 비슷한 지위와 권리를 누릴 수 있어서 그나마 재능을 펼치기가 쉬웠지요. 하지만 조선 중기 이후에는 유교 사상의 영향으로 여성의 사회적 지위가 낮아지면서 그 능력을 펼치기가 더욱 어려워졌습니다. 재능 있는 여성들에게는 더욱 가혹했던 시기가 아닐 수 없습니다. 모두 뛰어난 재능을 가졌지만 태어난 시기가 달라 운명이 엇갈린 두 분의 여성 예술가를 만나 봅니다.

저는 신사임당이라고 합니다. 조선 전기를 대표하는 여성이라고들 칭찬해 줘서 고마울 뿐이지요. 저는 원래 그림과 바느질에 재주가 좀 있었습니다. 제가 그린 「초충도」는 여성 특유의 섬세한 표현으로 아주 유명해요.

그리고 저는 아이들을 아주 잘 키워낸 것으로도 유명합니다. 제 입으로 자랑을 하기가 좀 쑥스럽긴 합니다만, 제 아들 중 율곡 이이는 시험을 볼 때마다 장원 급제를 해 저를 한없이 기쁘게 한 아들이고, 선조 시절에 당파 싸움을 조금이라도 줄여 보려고 애를 썼습니다.

사람들은 저에게 어떻게 그렇게 훌륭한 일을 했냐고 묻곤 하지만 그럴 때마다 저는 시대를 잘 타고 났다는 말을 할 수밖에 없더군요. 제가 살았던 조선 전기는 여자가 결혼을 해도 시집으로 가지 않고 친정에서 사는 사람들이 많았어요. 저 또한 그랬지요.

친정에서 생활하다 보니 자연히 마음도 편하고 시어른들 눈치를 보지 않아도 되어서 제가 가진 재주를 마음껏 펼쳐 보일 수 있었던 것이지요. 사실 제가 살던 조선 전기에는 딸도 아들과 함께 동일하게 재산을 나누어 받았고, 부모님 제사도 돌아가면서 지냈답니다. 만약 제가 조선 후기에 태어났다면 지금처럼 그림을 그리며 살 수 있었을지 좀 의문스럽습니다.

저는 허난설헌이라고 합니다. 조선 중기 이후를 대표하는 여성이지요. 저는 강원도 강릉의 명문가에서 태어났어요. 제 동생 이름을 들으면 깜짝 놀라실텐데……. 제 동생은 최초의 한글 소설인 『홍길동전』을 지은 허균이에요.

제 아버지는 생각이 깨어 있던 분이라 양반

▶ 신사임당과 「초충도」

▶ 허난설헌

가문에서조차 여성에게 교육을 거의 시키지 않던 시대에 저에게도 교육의 기회를 주셨죠. 둘째 오빠인 허봉은 제가 시 쓰는 데 재주가 있다는 것을 알아보고 따로 교육을 받게 할 정도로 저를 사랑해 주었어요. 8세 때 첫 시를 쓴 이후 모두들 제 시를 읽으면 천재라고 감탄을 했지요. 이렇게 행복한 어린 시절을 보냈지만 결혼과 함께 이 모든 것이 끝나고 말았어요.

조선 중기 이후에는 결혼을 하면 거의 모든 여자가 바로 시댁에 가서 살아야 했어요. 저도 그랬지요. 고된 시집살이가 시작되었어요. 시댁 어른들은 제가 남편보다 똑똑하다며 오히려 저를 구박했어요. 낯선 시댁에서 의지할 사람은 남편 하나인데 남편도 저를 사랑하지 않았죠. 그렇게 좋아했던 친정 아버지와 오빠인 허봉이 죽고, 사랑하는 딸과 아들마저 저 세상으로 보내고 나니 저는 살 희망을 잃어버렸죠. 죽음을 앞두고 제가 쓴 시를 모두 불태우라는 유언을 남겼지만, 저의 재능을 아까워한 남동생 허균은 친정에 남은 시와 암송하고 있던 시를 모아 명 사신에게 전했고, 명 사신은 그것을 중국에서 출판했어요. 조선에서 인정받지 못했던 저의 시는 중국과 일본에서 높은 평가를 받았답니다.

조선 중기 이후 여자의 삶은 더욱 어려워졌어요. 재산도 상속받을 수 없었고, 가족 내에서도 차별을 받아야 했죠. 제가 고려 시대나 조선 전기에 태어났다면 어땠을까요?

고종훈의 한국사 브리핑

인물 핵심 분석 ▶ 광해군

QR 코드를 찍으면 고종훈 선생님의 강의를 볼 수 있어요.

시대 ▶ 1575년~1641년
재위 기간 ▶ 1608년~1623년
별명 ▶ 실리왕, 꽃세자, 형제 킬러, 중립자
요즘 드는 생각 ▶ 의리냐, 실리냐 이것이 문제로다.
요즘 가장 미운 사람 ▶ 선조, 영창 대군, 인목 대비
연관 검색어 ▶ 대동법 시행, 중립 외교
역사적 중요도 ▶ ★★★★★
시험 출제 빈도 ▶ 높음

왕위에 오른 후 대동법을 실시했어요.

임진왜란 때 세자로 책봉된 광해군은 백성들의 마음을 달래며 그 역할을 잘 해냈어요. 이후 **광해군은 왕위에 오른 후 대동법을 실시해 백성의 부담을 줄여 주었습니다.** 대동법은 광해군 때 경기도 일대에서 처음으로 실시되었지요.

중립 외교를 펼쳤어요.

당시 명은 힘이 점점 약해지고 있었고 후금은 점점 강해지는 추세였어요. **광해군은 명의 원군 요청과 후금(청) 사이에서 중립 외교를 펼쳤습니다.** 그래서 조선은 전쟁을 피할 수 있었어요. 그러나 명과의 의리를 중시하는 신하들로부터 공격을 받았지요.

광해군의 아우를 죽이고 새어머니를 가두는 반인륜적인 행위로 반정이 일어났어요.

광해군은 왕권을 위협하는 이복동생인 영창 대군을 살해하였습니다. 또 새어머니인 인목 대비를 서궁에 가두었지요. 이것을 빌미로 **인조반정이 일어나 광해군은 왕에서 쫓겨나게 됩니다.** 광해군은 제주도로 유배를 당했고 그곳에서 쓸쓸한 죽음을 맞게 되지요.

인물 관계 분석

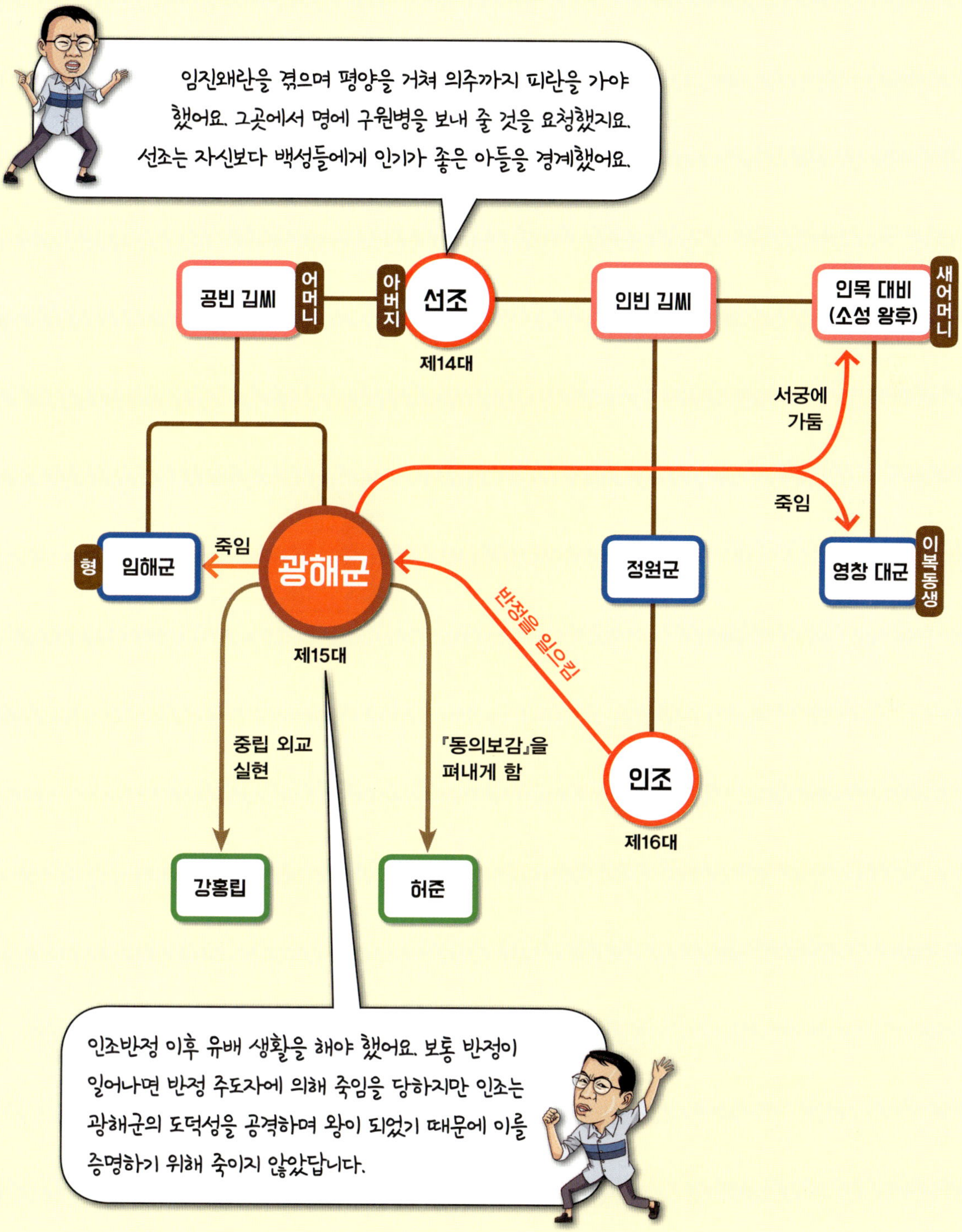

임진왜란을 겪으며 평양을 거쳐 의주까지 피란을 가야 했어요. 그곳에서 명에 구원병을 보내 줄 것을 요청했지요. 선조는 자신보다 백성들에게 인기가 좋은 아들을 경계했어요.

- 공빈 김씨 (어머니) — 선조 (아버지, 제14대) — 인빈 김씨 — 인목 대비(소성 왕후) (새어머니)
- 광해군 (제15대)
  - 형: 임해균 (죽임)
  - 인목 대비: 서궁에 가둠
  - 영창 대군 (이복동생): 죽임
- 정원군 — 인조 (제16대): 반정을 일으킴
- 광해군 → 강홍립 (중립 외교 실현)
- 광해군 → 허준 (『동의보감』을 펴내게 함)

인조반정 이후 유배 생활을 해야 했어요. 보통 반정이 일어나면 반정 주도자에 의해 죽임을 당하지만 인조는 광해군의 도덕성을 공격하며 왕이 되었기 때문에 이를 증명하기 위해 죽이지 않았답니다.

1 헤드라인 뉴스

동양 의학의 결정체, 『동의보감』

1610년, 동양 최고의 의학 백과사전인 『동의보감』이 완성되었습니다. 앞으로 백성들의 병을 보다 쉽게 치료할 수 있으리라는 기대감과 더불어, 책을 쓴 허준이 누구냐는 궁금증 또한 커져가고 있는데요. 지금부터 허준이 걸어온 길을 함께 걸어가 보겠습니다.

허준은 이름 있는 양반 가문의 **서자** 출신이었습니다. 그래서 양반과 상민 사이의 중인 신분으로 살아야 했어요. 대부분 양반들은 과거 시험 중 문과에 응시해 합격한 후 문신(文臣)으로 활동했는데, 중인은 과거 시험 중 기술을 가진 신하를 뽑는 잡과에만 응시할 수 있었어요. 그리하여 허준은 잡과에 응시해 합격한 후, 의술을 닦아 궁중 의사인 내의원이 되었어요.

의술에 뛰어난 재능을 보인 허준은 궁중 의사로서 나날이 이름이 높아만 갔고, 왕자 신성군의 천연두를 치료하며 능력을 인정받았지요. 또 위중한 병으로 생사가 위험했던 왕세자 광해군을 치료하는 데 성공해 선조의 전폭적인 지지를 받기도 했어요. 중인으로서 과분한 지위에 오르고, 양반으로까지 신분이 상승되자 시기와 질투를 받기도 했어요. 그동안 조정의 문신들은 기술관 출신의 신하들을 무시해 왔지요. 그런데

김역사 기자

서자
정식 부인이 아닌 다른 부인에게서 태어난 아이

『동의보감』
책 제목 '동의(東醫)'란 중국 남쪽의 의학 전통 '남의'와 중국 북쪽의 의학 전통 '북의'에 어깨를 나란히 할 조선의 의학 전통을 뜻해요. '보감(寶鑑)'이란 보배스러운 거울이란 뜻으로 거울로 삼아 본받을 만한 모범이 되는 것을 의미하지요.

의관 출신 허준의 신분이 상승했을 뿐만 아니라 파격적인 왕의 대우를 받다보니 불만이 터진 겁니다.

그러나 허준을 향한 선조의 신뢰는 변함이 없었습니다. 허준 역시 전쟁이 벌어졌을 때 의주로 가는 선조의 힘겨운 피란길을 끝까지 함께하여 충성을 다했지요. 선조는 허준의 실력을 믿고 지지해 주며 의학책을 쓸 수 있도록 지시해 『동의보감』 탄생에 중요한 역할을 했습니다.

그러나 무엇보다 어려움 속에서도 『동의보감』이라는 탁월한 책이 탄생할 수 있었던 것은, 임진왜란으로 고통 받는 백성들을 위한 치료법을 널리 알려야 한다는 선조와 허준의 사명감 때문이었어요. 선조는 전쟁통에 곳곳에서 병으로 죽어 가는 사람들을 보며 이렇게 말했어요.

"구석진 시골 마을에는 의술과 약이 없어 일찍 죽는 사람이 많다. 그 지역에서 생산되는 약품이 많이 있는데도 사람들이 알지 못하니, 약초의 이름과 효과를 적어 쉽게 알 수 있도록 하라."

선조의 명령으로 대대적인 국가사업이 시작되었어요. 일본과 명이 휴전을 맺어 잠시 전쟁이 중단된 틈을 타 허준과 더불어 다른 몇몇 의원들이 힘을 모아 책을 만들기 시작했지요. 하지만 모든 과정이 순조롭지만은 않았어요. 휴전 협정을 맺기 위해 잠시 중단되었던 전쟁은 휴전 협상이 깨지면서 다시 일어나게 되었지요.

▼『동의보감』

이를 정유재란이라 하는데, 이 때문에 책 만들기 사업은 잠시 중단되었어요.

전쟁이 끝나고 한성으로 돌아온 선조는 궁중에 보관되어 있던 각종 의학 관련 책을 허준에게 건네주며 책임지고 책을 완성하라고 말했어요. 예전에 같이 책을 만들던 사람들은 전쟁으로 죽거나 뿔뿔이 흩어졌기 때문에 이때부터 책은 허준이 단독으로 집필하게 돼요. 가장 큰 위기는 선조의 죽음이었어요. 그동안 눈엣가시였던 허준을 쫓아내기 위해 신하들이 입을 모은 거예요.

"전하가 돌아가신 건 다 허준이 약을 잘못 썼기 때문이오. **어의**라면서 임금님의 건강을 책임지지 못했으니 그 벌을 받아야지요!"

조선 시대 왕의 죽음은 담당 어의의 책임이었어요. 이때 허준에게 도움의 손길을 내민 사람은 다름 아닌 광해군이었어요. 한때 허준의 치료 덕분에 목숨을 구할 수 있었던 광해군은 허준을 감싸려 했어요. 하지만 허준을 시기하던 신하들의 반대를 꺾을 수는 없었어요.

결국 허준은 의주로 **유배**를 떠나야 했고, 그곳에서 묵묵히 의서 집필에 몰두했지요. 시간이 흘러 유배가 풀렸을 때 광해군은 70세가 넘은 허준을 내의원에서 다시 일할 수 있도록 하고, 자신의 병을 돌보게 했어요. 또 『동의보감』을 계속 쓸 수 있도록 격려해 주었어요. 그리고 마침내 『동의보감』이 완성됐습니다. 허준이 처음 책을 쓴 지 15년째 되는 해의 일이었지요.

어의
궁궐 내에서, 왕이나 왕족의 병을 치료하던 의원

유배
죄인을 먼 곳으로 추방하는 것

2 심층 취재

조선 의학의 수준을 끌어올리다

이렇다 할 의학서가 없던 조선에 드디어 허준 선생이 『동의보감』이라는 책을 저술하면서 의학계에 새바람을 일으키고 있습니다. 『동의보감』은 과연 어떤 책일까요? 또 전쟁의 상처가 남아 있는 조선 땅에서 『동의보감』은 과연 어떤 역할을 했을까요?

그동안 많은 의학책들이 나왔지만 『동의보감』만큼 방대한 내용을 담은 책도 없을 것입니다.

김역사 기자

『동의보감』은 총 230여 권의 방대한 양의 책을 모아 정리해 놓았다고 합니다. 지금까지 중국과 조선에서 나온 의서를 전부 모아 자료를 상세하게 정리한 것인데요, 이 정도면 단지 우리 조선만의 책이 아니라 동양 의학 전체의 발전에 기여한 책이라고 볼 수 있어요.

그뿐만이 아닙니다. 『동의보감』은 다른 의서들과 달리 책의 독자가 훨씬 더 다양하고 넓어요. 의학 지식이 풍부한 의원뿐 아니라 아무것도 모르는 일반 백성이 쉽게 병을 치료할 수 있도록 배려했기 때문이에요. 그동안 가난한 백성이나 의원 가까이 살지 않는 백성은 병에 걸려도 치료할 방법을 몰랐고, 사소한 병을 내버려 두었다가 목숨을 잃게 되는 경우도 많았어요. 거기다 전쟁까지 벌어지니 그런 일들은 셀 수도 없이 많아졌습니다. 그런 딱한 사정을 알고도 나라에서 백성들의 고통을 책임지기란 쉽지 않았죠. 그러나『동의보감』은 백성들 스스로가 내 몸의 병이 무엇인지 알고 그것을 치료할 수 있게 도와줍니다.

허준은『동의보감』외에도 백성들을 위한 다양한 책을 썼습니다. 천연두 치료법을 모은『언해두창집요』, 백성이 위급한 상황에 처했을 때 치료하는 법을 적은『언해구급방』등이 대표적이에요. 허준이 훌륭한 의원으로서 더욱 이름을 널리 알리게 된 것은 단지 궁궐 안의 의사로서 왕만 치료하는 것이 아니라 백성들을 위한 치료법을 널리 알리고자 노력했던 마음 때문이 아닐까요?

"사람은 우주에서 가장 높고 귀한 존재다."

『동의보감』에 나오는 구절입니다. 조선 시대에는 **성리학**이라는 유교 철학을 무엇보다 중요하게 생각했는데, 성리학에서는 우주와 사람의 마음을 강조하고 있어요.『동의보감』에는 성리학의 내용처럼 모든 백성을 귀하게 여기고 다스리는 마음이 담겨 있다고 할 수 있지요.

성리학
성리학은 중국 송나라 때 주희라는 학자가 연구하여 정리한 유교 철학의 한 갈래로, 주자학이라고도 불러요.

등재
일정한 사항을 서적이나 장부 등에 기록하여 올리는 것

조선이 남긴 자랑스러운 문화유산인『동의보감』은 수백 년 뒤인 2009년 유네스코 세계 기록 유산으로 **등재**되게 됩니다. 의료 선진국이라고 불리는 미국, 영국, 독일, 프랑스 등지에서 발간된 의학 서적은 매우 많습니다. 그럼에도『동의보감』이 세계 기록 유산으로 등재될 수 있었던 것은 뛰어난 의학적 내용뿐 아니라 세계 최초로 발간된 일반인을 위한 의학 서적이라는 가치를 인정받았기 때문입니다.

스페셜뉴스 — 현장 브리핑

『동의보감』은 아픈 사람도 일어나게 한다

공익 광고

건강 사회 만들기 캠페인
『동의보감』편

의원 가까이 살지 않거나 돈이 없어서 약을 지을 수 없다면 이 책을 읽어 보세요!

마을 의원 앞입니다. 의원 수는 부족하고 전쟁으로 병을 얻은 백성들은 넘쳐나 순서를 기다리는 것만으로도 하루가 다 갈 지경입니다. 이분들에게 『동의보감』을 권해 보았습니다.

백성 강씨

대체 『동의보감』이 뭡니까? 의원님을 뵙게 해달라니까 웬 책을 주고 그러십니까? 무식한 제가 어떻게 책을 읽는다구요. 아~ 잠깐만요. 이 책, 이거 희한한데요. 약초 이름 위에 한글 표기를 함께 하여 저 같은 사람도 읽을 수 있을 거 같아요. 병의 종류와 치료법은 물론, 다섯 가지로 구분한 책 구성도 좋은데요.

- 〈내경〉편 : 우리 몸을 구성하는 내장인 오장육부에 대해 알려 줍니다.
- 〈외형〉편 : 겉으로 드러나는 신체 기관별 기능과 질병에 대해 알려 줍니다.
- 〈잡병〉편 : 병의 원인과 증상을 설명하고 치료 방법을 적어두었습니다.
- 〈탕액〉편 : 약 재료를 구하는 법과 처방하는 법을 소개합니다.
- 〈침구〉편 : 침과 뜸에 관한 이론과 실제로 하는 방법을 기록했습니다.

허준 | 조선 사람에게 조선 의술을

그럼 질병의 이름을 먼저 알고, 질병을 치료하는 데 필요한 이론을 읽어 보고, 병을 판단할 수 있도록 손목의 맥을 짚어 보고, 약 짓는 법을 차례로 찾아 읽으면 나도 의사가 될 수 있다는 거잖아요. 만세~~!

중국의 비싼 재료뿐 아니라 우리나라에서 쉽게 구할 수 있는 재료를 이용해 약을 처방한다는 점 또한 『동의보감』의 인기 요소입니다. 한 종류의 약물만으로도 효과적으로 치료할 수 있는 방법, 주변의 산과 들에 널려 있는 야생 약초를 이용하는 법을 소개하고 있습니다. 가난한 백성들도 값싸고 간편하게 치료를 받을 수 있도록 배려한 효과를 바로 느낄 수 있었습니다.

이제 책을 파는 서점 앞으로 가 보겠습니다. 서점 앞이 중국인들로 인산인해를 이루고 있는데요, 그중 한 분을 만나보겠습니다.

명 사신

이번에 조선에 오면 『동의보감』을 꼭 사서 가려고 했지요. 중국과 조선 의학의 핵심이 잘 정리되어 있고, 진단이나 처방법도 상세하게 나와 있으니까요. 중국에도 이보다 더 뛰어나고 쉬운 의학책이 없다니까요. 한류의 원조는 『동의보감』이 아닌가 생각합니다.

『동의보감』의 또 다른 특징 중 하나는 병이 생기는 이유가 외부적인 원인 때문만이 아니라 마음의 문제라고 보는 것입니다. 따라서 몸과 마음의 안녕과 행복을 추구해야 한다는 것을 강조합니다. 그런 생각이 반영된 것은 『동의보감』이 인간의 몸은 우주와 닮아 있고, 자연의 원리를 따르면 인체의 균형을 지킬 수 있다는 철학을 담고 있기 때문입니다.

또한 이미 발생한 병의 원인을 분석하고 치료하는 것을 중요하게 여기는 서양 의학과 달리, 『동의보감』에서는 병이 생기기 전에 몸을 건강하게 관리하고 예방을 잘 하는 것이 최선의 치료책이라고 말합니다. 이런 것을 '양생'이라고 부르는데요, 조선 시대 때부터 벌써 힐링과 웰빙을 추구한 『동의보감』의 뛰어난 내용에 놀라지 않을 수 없습니다. 이상 김역사 기자였습니다.

 **고종훈의 한국사 브리핑**

인물 핵심 분석 ▶ 허준

QR 코드를 찍으면 고종훈 선생님의 강의를 볼 수 있어요.

- 시대 ▶ 1539년~1615년
- 별명 ▶ 갓허준, 착한 의사, 침술왕
- 취미 ▶ 약초 연구
- 좌우명 ▶ 사람이 제일 귀하다
- 나의 보물 1호 ▶ 『동의보감』
- 역사적 중요도 ▶ ★★☆☆☆
- 시험 출제 빈도 ▶ 보통

허준은 선조 시대의 어의였어요.

허준은 선조 때부터 어의(임금을 돌보는 의사)로 활동 했어요. 선조는 허준의 능력을 매우 아꼈지요. 그러던 중 발생한 임진왜란을 겪으며 상처와 전염병 속에서 아무런 도움도 받지 못하고 고통 속에 죽어가는 사람들을 많이 보았습니다.

허준은 『동의보감』을 썼어요.

허준은 선조가 죽자 귀양살이를 해야 했어요. 귀양살이를 하며 그는 『동의보감』이라는 의학서적을 썼어요. 『동의보감』은 중국에서 수입한 의학서의 한계를 극복한 책이에요. **백성이 쉽게 병을 진단하고, 주변에서 쉽게 구할 수 있는 약재를 써서 병을 다스릴 수 있도록 하였지요.**

허준은 백성들을 위해서 의술을 펼치기도 했어요.

『동의보감』에는 백성을 사랑하는 허준의 마음이 담겨져 있어요. 허준은 『동의보감』 외에도 여러 종류의 의학 서적을 집필하였어요. 또한 **어의로만 머물지 않고 백성을 위한 의원으로도 활동하였답니다.**

1 헤드라인 뉴스

조선의 하늘에 굴욕의 먹구름이 드리워졌습니다. 인조가 청 황제에게 무릎을 꿇고 절을 한 것입니다. 왜 절을 해야만 했는지 김역사 기자의 현장 취재를 통해 알아보도록 하겠습니다. 김역사 기자, 나와주시죠.

네, 먼저 인조의 즉위 배경부터 살펴보시죠.

김역사 기자

광해군을 내쫓고 왕위에 오른 인조는 동생(능창군)이 역모에 휘말려 죽자 복수를 다짐합니다. 평소 광해군을 못마땅해 했던 신하들이 그런 인조를 앞세워 반역을 유도했던 거지요. 이 사건을 인조반정이라고 합니다.

인조는 모든 정책을 광해군과 반대로 했어요. 자신이 더 훌륭한 왕임을 강조하기 위해서였죠. 인조는 형제인 영창 대군을 죽게 하고, 어머니인 인목 대비를 가둔 광해군을 비난했어요. 특히 광해군의 중립 외교 정책을 반대하며 **친명배금 정책**을 택했죠. 그런 인조의 선택은 훗날 전쟁을 불러오게 됩니다.

결국 금방 사건이 터지고 맙니다. 인조반정을 함께 했던 신하 이괄이 자신에게 충분한 대접을 해 주지 않았다며 난을 일으켰죠. 이 사건으로 인조는 궁을 버리고 피란을 떠나야 했으니 얼마나 굴욕적이었겠어요. 그러던 중에 이괄의 일파 중 몇몇이 후금으로 건너가 조선 군대가 허술하니 쳐들어오라고 제안하는 어처구니 없는 일도 벌어졌어요.

사실 후금은 조선과 전쟁을 할 생각이 없었어요. 명과의 큰 전쟁을 앞두고 있었기 때문에 조선이 명을 돕지 않는다는 약속만으로도 충분하다 생각했거든요. 하지만 조선 밖 세상이 어떻게 돌아가는지 몰랐던 인조는 광해군의 중립 외교를 반대하며, 명과의 의리를 중요하게 여기는 자신의 정책을 계속 이어나갔어요. 1627년 결국 후금은 '광해군의 원수를 갚겠다.'는 **명분**을 내세워 조선을 침략합니다. 물론 정말로 광해군의 원수를 갚는다기보다는 명을 무너뜨리기 전에 조선에게 겁을 준 것이죠. 이 전쟁을 정묘호란이라고 해요.

후금 군대는 겨우 3만 명으로 도읍인 한양을 함락시켰어요. 후금을 우습게 여기던 조선은 그 대가를 치른 셈이죠. 인조는 또 한 번 궁궐을 버리고 강화도로 피신을 갔어요. 두 번째 굴욕의 순간으로, 결국 조선은 '형제의 나라'가 되자는 후금의 주장을 받아들일 수밖에 없었어요. 인조는 겉으로는 후금과 잘 지내기로 해놓고 실제로는 명과 가깝게 지냈죠. 후금에게 당한 것을 분하게만 여길 뿐, 나라의 힘을 키우는 것은 소홀히 하면서 말이에요.

9년이 지난 1636년, 더욱 강해진 후금은 나라 이름을 청으로 바꾸고 조선에게 '신하의 나라'가 될 것을 요구했어요. 인조가 이를 거절하자 청은 그해 12월 겨울, 다시 쳐들어왔어요. 10만 대군을 이끌고 청 황제가 직접 쳐들어온 이 전쟁을 병자호란이라고 합니다. 단 6일 만에 한성까지

친명배금 정책
금을 멀리하고 다시 명과 친하게 지내는 정책

명분
일을 꾀할 때 내세우는 구실이나 이유 따위를 일컫는 말

남한산성
한성의 남쪽을 지키던 군사적 요새

군대가 밀고 들어왔어요.

미처 강화도로 피신을 하지 못한 인조는 가까운 **남한산성**으로 향해요. 세 번째로 궁궐을 버리고 도망간 거예요. 남한산성 주위를 청 군대가 겹겹이 둘러싸자 인조와 신하들은 산성 안에 군사를 배치한 후 죽기를 각오하고 싸울 것을 다짐했어요.

산성 안에서는 한겨울 추위에 사람들이 하나둘 쓰러지기 시작했어요. 식량마저 떨어지면서 군사들이 말을 잡아먹기도 하고, 인조 역시 죽 한 그릇으로 끼니를 때워야 할 지경이었죠. 성 안에 있는 1만 3천여 명의 군사들에게는 더 이상 싸울 힘이 없었습니다.

이 상황을 어떻게 넘겨야 할지 왕의 고민이 깊어지자 신하 최명길과 김상헌 사이에서는 뜨거운 논쟁이 벌어졌어요. 최명길은 항복을 한 후에 나라를 다시 바로잡자고 주장했고, 김상헌은 야만적인 청에게 항복하느니 죽는 것이 낫다며 제대로 싸워 보기라도 하자고 주장했지요. 하지만 싸우고 싶어도 싸울 힘이 없는 게 현실이었습니다.

1637년 1월 30일 추운 겨울날, 굳게 닫혀 있던 남한산성의 문이 47일 만에 열렸어요. 무거운 발걸음을 옮기는 인조의 뒤를 소현 세자와 5백여 명의 신하들이 뒤따랐어요. 인조는 배를 타고 강을 건너 삼전도라는 곳으로 가 조선의 항복을 기다리는 청 황제를 만났어요. 높은 단 위에 청 황제가 앉아 있었고, 인조는 왕의 옷이 아닌 평복만을 입은 채 단 아래 엎드려야 했지요. 패배한 왕 인조는 청 황제에게 **'삼배구고두례'**를 해야만 했어요. 게다가 첫째 아들 소현 세자와 부인 세자빈 강씨, 둘째 아들 봉림 대군 부부가 청에 **볼모**로 끌려가야 했지요. 인조의 이 치욕스러운 항복을 '삼전도의 굴욕'이라고 해요.

청 군대는 60만 명에 달하는 조선 백성들을 포로로 끌고 가 노예로 팔거나 조선의 가족들이 보낸 돈을 받고 풀어 주면서 돈을 벌었죠. 한겨울 매서운 추위와 고된 여정 탓에, 끌려가는 도중 피흘리며 죽어간 백성들도 셀 수 없이 많았어요.

▲ 삼전도비

그 후 청은 조선 땅에 삼전도비라는 비석을 남겼어요. 자신들의 위대한 승리를 오래도록 기념하고 싶었겠죠. 삼전도비에는 청이 조선에 병사를 보낸 이유, 조선이 항복한 사실 등의 내용이 담겨 있습니다. 조선의 입장에서는 부끄러운 역사가 담긴 셈이에요.

임진왜란 이후 폐허가 된 나라를 다시 세우기에도 벅찼던 조선은, 정묘호란과 병자호란을 겪으며 다시 한 번 무너졌어요. 백성들의 고통은 말로 설명할 수 없을 정도였죠.

광해군의 중립 외교 정책과 인조의 친명배금 정책 중 무엇이 더 옳았던 것일까요? 만약 인조가 다른 선택을 했더라면 전쟁을 막을 수 있었을까요? 취재진은 그런 의문을 가져봅니다. 이상입니다.

삼배구고두례
세 번 절하고 아홉 번 머리를 조아리는 여진족의 인사법

볼모
약속을 지킬 것을 담보로 상대에게 잡혀 두는 사람이나 물건

청과 싸워서 자존심을 지키자 vs 청을 구슬리면서 백성을 돌보자

청의 침입으로 전쟁 위기에 놓인 조선 사회. 이 위기에 대처할 수 있는 두 가지 방법이 있습니다. 하나는 죽는 한이 있어도 끝까지 청과 싸우자는 '척화파'의 방법이고, 또 다른 하나는 일단 싸움을 멈추고 청과 협상하여 나라를 지키고 보자는 '주화파'의 방법입니다. 지금부터 척화파의 김상헌 대감, 주화파의 최명길 대감을 모셔 놓고 토론을 진행하도록 하겠습니다.

최명길 전하께서 내게 청에 건넬 항복 문서를 쓰라고 지시한 적이 있었다오. 그런데 정말 어렵게 쓴 문서를 저기 있는 김상헌 대감이 대성통곡하며 찢어 버리는 게 아니겠소?

김상헌 나는 아직도 이해가 가질 않소. 어떻게 끝까지 싸워볼 생각은 안 하고 그런 부끄러운 내용이 담긴 글을 쓸 수 있단 말이오? 게다가 뻔뻔하게 보란 듯이 내 앞에서 찢어진 종이를 다시 이어 붙이질 않았소?

최명길 한 나라에는 자네처럼 문서를 찢으며 항복을 반대하는 신하도 필요하지만, 나처럼 종이를 주워서 다시 붙이는 신하도 필요한 것이오. 누군가 항복하자는 말을 하지 않으면 전하께서 중요한 시기를 놓칠 수도 있단 말이오.

병자호란이 끝난 후 청은 엄청난 양의 공물을 바치라고 하고, 명과의 전쟁 때 필요한 병사들을 보내라고도 했습니다. 어떻게 생각하십니까?

인조 | 병자호란이 일어나다

김상헌 명을 돕지는 못할망정 청의 편이 되어 명을 공격한다니 그건 있을 수 없는 일이오. 이미 전하께 반대 상소문도 올렸소이다.

최명길 청에 항복했다고 해서 그들이 하자는 대로 끌려 다니는 것은 옳지 않소. 병사를 보내라는 요구는 목숨을 걸고 딱 잘라 거절하지 않았소? 조선을 지키기 위해 항복한 것이지, 청을 따르기 위해 항복한 건 아니란 말이오.

영영 사이가 나쁠 것만 같은 두 분인데요, 청의 감옥 안에서 우연히 만나게 된 적도 있으시다고요?

최명길 조선이 몰래 명과의 관계를 유지하던 것이 청에게 들통났기 때문이오. 이 모든 것은 내가 꾸민 일이며 임금님과는 아무 상관없다고 했더니, 인질이 되어 청에 끌려갔소. 그때 감옥에서 김상헌 대감을 만났는데 감옥 안에서도 흔들리지 않는 김 대감의 모습이 아주 인상적이었소.

김상헌 병사들을 청에 보내는 것을 계속 반대했더니 나를 청 감옥에 집어넣더군. 청과 관계를 유지하면서도 조선에 위험이 되는 상황을 막으려고 애쓰는 최 대감의 행동에 나도 감동 받았소.

척화파와 주화파. 방법은 서로 달랐지만 나라를 위하는 마음은 하나였습니다. 토론을 마치겠습니다.

43

고종훈의 한국사 브리핑

인물 핵심 분석 ▶ 인조

QR 코드를 찍으면 고종훈 선생님의 강의를 볼 수 있어요.

시대 ▶ 1595년~1649년
재위 기간 ▶ 1623년~1649년
별명 ▶ 복수남, 반정왕, 폼생폼사
요즘 나의 심경은? ▶ 무조건 광해군 반대로!
요즘 드는 생각 ▶ 진짜 후금이 공격해 오진 않겠지?
연관 검색어 ▶ 삼전도의 굴욕, 정묘호란, 병자호란
역사적 중요도 ▶ ★★★★☆
시험 출제 빈도 ▶ 높음

반정으로 왕이 되었어요.

광해군이 영창 대군을 죽이고 인목 대비를 가두는 등의 행동은 반대파에게 반정의 빌미를 제공하였습니다. **반역에 연루되어 죽은 동생의 복수를 위해 칼을 갈던 인조는 광해군 반대파를 모아 반정을 일으켜 왕이 되었습니다.**

친명배금 정책을 펼쳤어요.

인조는 광해군의 정책인 중립 외교를 비난하였습니다. 그래서 **강대국으로 떠오르는 후금(청)을 무시하고, 무너져 가는 명과의 관계를 중시했습니다.** 이것은 두 차례 호란의 원인이 되었어요.

정묘호란과 병자호란을 겪었어요.

명과의 전쟁을 앞둔 후금은 조선이 명을 돕지 못하게 정묘년에 침입하였습니다. 이를 정묘호란이라고 합니다. 이후에도 친명배금 정책이 계속되자 병자년에도 후금이 쳐들어 왔어요. 상황이 악화되자 **인조는 청 황제 앞에서 절을 하며 항복하고 말았습니다.**

04 소현 세자

조선 왕실의 의문사

시대 1612년~1645년

타임라인 뉴스

1612	1625	1636	1637	1644	1645
인조의 맏아들로 태어나다	왕세자에 책봉되다	병자호란이 일어나다	인질이 되어 청으로 떠나다	독일인 신부 아담 샬과 교류하다	귀국 후 의문의 죽음을 당하다

1 헤드라인 뉴스

*생방송 한국사

인조의 표정이 좋지 않습니다.

소현 세자, 새로운 조선을 꿈꾸다

드디어 소현 세자가 돌아왔습니다. 한 나라의 세자를 볼모로 보내고 조선 백성은 모두 가슴 아파했습니다. 그런데 청에서 돌아온 소현 세자가 이상한 물건을 많이 가져왔다고 하는데요. 어떤 물건들인지 같이 보시죠.

청에 볼모로 끌려갔던 소현 세자의 심정은 어땠을까요?

김역사 기자

소현 세자와 일행은 청의 심양에 머물렀습니다. 청에서의 생활은 힘겨웠어요. 인질로 잡혀 왔기 때문에 늘 철저하게 감시를 당했고, 청과 조선의 관계가 언제 나빠질지 몰라 불안에 떨어야 했지요.

처음 청에 왔을 때, 소현 세자는 굴욕을 겪은 아버지 인조를 위해 복수하고 싶다는 마음뿐이었어요. 또 조선에서 끌려온 백성들을 사고파는 청 상인들을 보며 분노했지요.

그때 뜻하지 않은 상황이 생겨요. 처음에는 청과 조선에서 소현 세자 일행이 머무는 데 필요한 돈을 지원해 주었는데, 이제는 돈을 따로 주지 않는 대신 땅을 줄 테니 직접 농사를 지어서 생활하라는 것이었어요. 그런데 오히려 그 상황이 소현 세자가 활약할 수 있는 기회가 되었어요. 조선의 뛰어난 농사 기술로 우수한 곡식과 채소를 생산하여 청 사람들에게 판매하기 시작했던 거죠.

장사가 잘 된 데에는 똑똑한 부인 세자빈 강씨의 도움이 컸어요. 소현 세자와 세자빈 강씨는 돈이 생길 때마다 조선인 포로들의 몸값을 지불하여 이들을 자유인으로 풀어 주었고, 청의 황족이나 관리들에게 조선의 사정을 잘 봐달라며 뇌물을 주기도 했지요.

소현 세자는 외교관 역할도 했어요. 청이 조선에 공물이나 군사를 무리하게 요구할 때 소현 세자는 조선의 상황을 설명하여 공물의 양을 줄이거나 군사를 보내지 않도록 하기도 했어요. 또 청의 황족이나 관리들과 가까이 지내면서 믿음을 주어 그 능력을 인정받기도 했지요. 그러면서 소현 세자의 생각이 조금씩 변하기 시작합니다.

청은 이미 명을 멸망시킬 만큼 강력한 힘을 가진 나라고, 서양 **선교사**들이 앞선 과학 기술을 가지고 들어와 있기도 했어요. 청은 외국 문물도 나라에 도움이 된다면 받아들였던 거예요. 심지어 자신들이 멸망시킨 명의 문화에서도 좋은 점은 본받으려 했죠. 청은 무력만 강한 나라가 아니라 문화도 세계적인 수준을 자랑하게 된 거죠.

1644년, 소현 세자는 독일인 선교사 아담 샬과 운명적인 만남을 갖게 되었어요. 아담 샬은 종교인이면서 과학자였기 때문에 청의 관리가 되어 별을 관찰하는 일을 했지요. 소현 세자에게는 처음 본 푸른 눈의 외국인도 신기했지만, 그가 알려 주는 서양의 과학 기술은 더욱 놀라웠습니다. 지구는 둥근 원형이며 그 반대편에는 우수한 문화를 가진 많은 나라가 존재한다는 것, 하늘의 별에 이름을 붙이고 길을 알려 주는 천문학으로 **월식** 등을 정확하게 예측할 수 있다는 것 등이 대단하게 느껴진

선교사
다른 나라에 종교를 전하는 사람

월식
지구가 달과 태양 사이에 위치하여 지구의 그림자에 달이 가려지는 현상

거죠.

　소현 세자는 천주교라는 종교에 대해서도 큰 흥미를 가졌습니다. 천주교는 서양 귀신들의 거짓말이라며 비난하는 사람들도 있었지만, 이상하게도 소현 세자는 천주교를 알고 난 후 마음이 평화롭다고 생각했어요. 소현 세자는 아담 샬에게 편지를 보내 조선에 새로운 종교와 문화를 전해 주고 싶다는 소망을 말하기도 했습니다. 아담 샬 역시 소현 세자의 생각을 반가워하며 언젠가 조선에 선교사를 보낼 수 있으리라는 대화를 나누기도 했죠. 그는 소현 세자에게 지구의, 천문의 등의 물건을 선물했습니다. 소현 세자는 그 신기하고 귀한 물건들을 조선으로 가져가 사람들에게 보여 주고 싶었어요.

　소현 세자의 가슴 속에는 아주 큰 희망과 계획이 생겼지요.

　"만약 내가 조선의 왕이 된다면 어떤 세상을 만들어야 할까?"

　조선은 여러 번의 전쟁으로 큰 피해를 입어 나라의 발전이 많이 늦어지고, 오랫동안 유교를 믿느라 생각이 갇혀 있었습니다.

▲ 자명종 ⓒ숭실대학교 한국기독교박물관

▲ 천리경 ⓒ숭실대학교 한국기독교박물관

48　소현 세자 | 조선 왕실의 의문사

이제 소현 세자의 눈에 조선의 현실이 보이기 시작했어요. 청을 비롯한 다른 나라들보다 뒤처지지 않으려면 지금부터라도 서양의 문화와 생각을 받아들여야 한다는 생각도 들었죠. 그동안 청에서 함께 고생하며 지내온 세자빈 강씨도 소현 세자의 생각을 적극적으로 응원해 주었어요.

 1644년, 결국 명이 무너지고 청이 중국 대륙을 통일하게 되었지요. 청으로서는 더 이상 세자와 신하들을 볼모로 잡아 둘 필요가 없어진 거죠. 청에 끌려온 조선 사람들은 8년 만에 꿈에 그리던 고국으로 돌아갈 수 있게 되었어요. 특히 소현 세자는 화포, 천리경, 천문학 책 같은 새로운 물건들을 잔뜩 실어서 조선으로 향했습니다.

 그러나 조선은 소현 세자 부부의 꿈을 펼칠 수 있는 무대가 아니었어요. 청에서 가져온 물건들을 소개하고, 지구의를 돌리며 서양의 과학과 문명에 대해 설명하는 소현 세자를 아버지 인조는 차가운 눈길로 바라보았어요. 세자의 귀국을 환영하는 백성들의 모습과는 반대되는 아버지의 반응! 인조의 눈에 비친 소현 세자 부부는 청에서 고난을 겪다온 것이 아닌 마치 호강을 하다 온 것처럼 비춰졌던 거예요. 청의 황족과 어울리고 청에서 인정받으며 지내는 아들을 보며 인조는 왕위를 빼앗길지 모른다는 불안감을 느꼈고, 자신에게 굴욕을 준 나라의 물건들을 자랑스럽게 내미는 아들이 미웠던 거죠.

 어쩌면 서양의 문화와 생각을 받아들여야 한다는 소현 세자의 생각이 당시 조선 사회가 받아들일 수 있는 것보다 너무 앞서 있었던 것은 아닐까요? 결국 소현 세자는 새 나라 조선에 대한 꿈을 펼쳐 보지도 못한 채 권력 다툼의 희생양이 되어야 했습니다.

2 심층 취재

소현 세자의 의문의 죽음

다음 왕위를 물려받을 세자가 갑자기 죽었다고 합니다. 몇몇 왕족들은 소현 세자의 시신을 보며 **독살**설을 제기하고 있는데요, 어떻게 된 일인지 집중적으로 알아보도록 하겠습니다.

김역사 기자

> 소현 세자가 조선에 없었던 8년은 인조에게 무척 괴롭고 고통스러운 시간이었습니다.

전쟁을 치르고 나라꼴이 말이 아니니 왕도 마음이 편할 리가 없겠죠. 그때 청에서 소현 세자의 소식이 들려옵니다. 장사로 막대한 돈을 벌어 포로로 잡혀 온 백성들을 자유롭게 해 주고, 외교관으로 활약한다는 이야기였지요. 인조는 어느덧 자신의 자리를 위협할 만큼 성장한 세자가 두렵게 느껴졌어요.

그때 궁궐에는 인조의 불안함을 부추길 만한 소문이 돌기 시작합니다. 청에서 인조를 몰아내고 소현 세자를 왕에 앉힐 수도 있다는 이야기였어요. 친명반청(친명배금)을 부르짖으며 사사건건 청을 무시하는 아버지보다 청과 친분이 있는 아들이 왕이 되는 게 청 입장에서는 더 편하기 때문이라는 거죠.

인조는 아들인 소현 세자가 자신에게 등을 돌리려 한다고 생각했어요. 아들에 대한 인조의 믿음이 깨진 거죠. 신하들도 소현 세자를 못마땅하게 여기기는 마찬가지였어요. 신하들 대부분은 광해군을 몰아낼 때 함께했던 사람들로, 소현 세자가 청과 가깝게 지낼수록 친명반청 정책을 위협한다고 생각했으니까요.

그 무렵 궁궐에서는 인조의 후궁인 귀인 조씨가 소현 세자에 대해 안 좋은 말을 인조에게 많이 했어요. 세자빈 강씨가 자신을 무시하고 왕비에게만 예의를 차린다고 생각해 세자빈 강씨를 미워했거든요. 그래서 걸핏하면 인조에게 세자 부부가 왕위를 노리고 있다고 거짓말을 했고, 인조도 점차 그녀의 꼬임에 넘어가기 시작했죠.

귀국한 지 두 달! 갑자기 소현 세자는 **학질**이라는 병으로 쓰러져 3일 만에 죽고 맙니다. 그의 갑작스러운 죽음은 여전히 의문에 쌓여 있어요. 기록에 의하면 죽은 세자의 모습이 병으로 죽은 사람이 아니라 독살 당한 사람처럼 보였다고 합니다. 그리고 세자의 치료를 담당한 의사가 귀인 조씨와 친분이 있는 사람이었다고 해요. 참 의심스러운 대목이지요?

소현 세자의 죽음과 관련해서 세자의 시신을 본 진원군 이세완 아내의 말을 들어 보겠습니다.

독살
독약을 먹이거나 독을 써서 사람을 죽이는 것

학질
학질은 몸을 벌벌 떨며 주기적으로 열이 나는 병으로, 말라리아라고도 해요. 사람이 견디지 못할 정도로 포악스러운 질병이라 해서 붙은 이름이에요.

진원군 이세완의 아내

온 몸이 검은 색으로 변해 있었고, 눈, 코, 입, 귀… 얼굴에 있는 일곱 구멍에서 피가 흘러나와 있었어요. 누군가 세자에게 독을 먹여 죽인 것이 분명해요. 마치 약물에 중독되어 죽은 사람 같았거든요. 그런데 아무도 그걸 눈치 채지 못한 것 같더라고요.

가장 이상한 것은 아들 소현 세자의 죽음을 대하는 인조의 태도였어요. 소현 세자의 장례는 왕실의 법도에 따라 3년상을 치렀어야 했는데, 평민의 장례처럼 7일장으로 줄여서 간소하게 진행되었어요. 세자의 관에 왕의 관을 의미하는 글자도 쓰지 못하게 하고, 무덤 이름도 세자의 무덤에 사용하는 '원'이 아닌, '묘'를 쓰게 했지요. 그리고 죽을 때까지 한 번도 소현 세자의 무덤을 찾지 않았어요.

신하들이 소현 세자의 치료를 담당했던 어의 이형익에게 벌을 주어야 한다고 했지만 인조는 대꾸조차 없었어요. 또한 세자가 왜 죽게 되었는지 알아봐야 한다는 신하들의 의견을 인조는 전부 무시해 버렸습니다. 오히려 어의 이형익이 무슨 죄가 있겠냐며 그를 감싸고, 다른 신하들이 세자의 시체를 조사하지 못하도록 재빨리 관에 넣어 장례식을 앞당겨 진행했지요. 신하들은 세자의 죽음에 예를 다하지 않는 왕의 행동을 의아하게 생각했어요.

또한 원래대로라면 '첫째 아들이 왕위를 이어야 한다.'는 원칙에 따라 소현 세자의 아들인 **원손**이 왕위를 이어야 했습니다. 그런데 인조는 계승 서열을 무시하고 소현 세자의 동생인 봉림 대군에게 왕위를 잇게 했지요.

의문의 죽음을 당하게 된 소현 세자. 그의 남은 가족들도 비극을 피할 수는 없었어요. 소현 세자를 아끼던 청이 조선에게 복수할 것이 두려워 아예 관련된 모든 사람들을 제거하려고 했던 것입니다.

화살은 세자빈 강씨와 그녀의 가족들을 향했어요. 세자빈 강씨에게는 후궁인 귀인 조씨를 저주하고 시아버지 인조의 **수라상**에 올릴 음식에 독을 넣었다는 누명을 씌워 사약을 내렸죠. 결국 강빈은 시아버지에게

원손
아직 왕세손으로 책봉되지 못한 왕세자의 맏아들을 일컫는 말

수라상
수라는 궁중에서 왕과 왕비에게 올리는 밥을 높여 이르는 말이에요. 따라서 수라상은 왕과 왕비의 평상시 밥상을 뜻하지요.

소현 세자 | 조선 왕실의 의문사

사약을 받고 죽은 비운의 세자빈이 되었어요.

　인조는 손자들을 모두 제주도로 유배 보냈고, 그곳에서 첫째와 둘째가 병으로 죽었죠. 셋째는 작은아버지인 효종에 의해 왕자의 신분을 되찾았지만 20대 초반에 죽었어요. 이 일과 관련하여 대신 최명길의 이야기를 들어보겠습니다.

대신 최명길

　명확한 증거도 없이 추측만으로 세자빈 강씨에게 사약을 내린 것은 너무한 일이오. 또 세자 저하의 첫째 아들이 아닌 봉림 대군이 왕위를 잇는 것 역시 도리에 어긋나는 일이라 생각하오. 불쌍한 세자 저하께서 하늘에서 내려다보고 계실 거라 생각하니 가슴이 아픕니다.

　조선으로 돌아온 지 겨우 두 달, 권력에 대한 집착으로 얼룩진 궁궐 분위기 속에서 소현 세자는 죽음을 맞이했습니다. 새로운 조선을 세우고 싶다는 자신의 꿈을 제대로 펼쳐 보지도 못한 채 말이지요.

　분명한 것은 소현 세자의 죽음으로 조선 역사의 흐름이 달라졌다는 것입니다. 동생 봉림 대군이 조선의 17대 왕 효종으로 등극하면서 오랑캐인 청을 무찌르자는 **북벌론**이 대세가 되고, 선진국 청을 배우자는 **북학론**은 훨씬 더 늦게 나타나게 되거든요.

　만약 소현 세자가 죽지 않고 왕위에 올라 조선이 청, 서양 등의 나라와 활발한 교류를 하며 발전된 기술을 들여왔다면 지금의 역사는 어떤 모습이었을까요?

북벌론
'북벌'이란 청을 정벌하여 문화가 높은 조선이 문화가 낮은 오랑캐에게 당한 수치를 씻고, 임진왜란 당시 조선을 도와준 명을 대신하여 복수하자는 주장이에요.

북학론
조선 후기 청을 오랑캐의 나라로만 여겨 무조건 무시할 것이 아니라, 그들의 발달된 문물과 생활 양식을 받아들이자는 주장이에요.

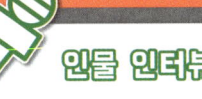 인물 인터뷰

자신의 삶을 개척한 당찬 여인, 세자빈 강씨

최근 궁궐을 뒤숭숭하게 했던 소현 세자의 죽음을 두고 누구보다도 가슴 아팠을 분이죠. 세자빈 강씨를 모시고 인터뷰를 진행하도록 하겠습니다. 시아버지인 인조 임금님과는 처음부터 이렇게 나쁜 사이는 아니었다죠?

한때는 저도 시아버지의 사랑을 받았답니다. 시아버지께서 인조반정으로 왕이 되시고, 손수 며느리감을 골라 제가 시집을 온 것이니까요. 그것도 잠시, 저는 결국 남편과 함께 머나먼 청으로 끌려가 8년간 인질로 살아야 했습니다.

청에서의 생활은 어땠나요? 소현 세자와 함께 활약했다는 소식이 조선에 전해지기도 했는데요.

처음에는 제 상황이 나쁘다고만 생각했어요. 그런데 청의 발전된 모습을 보며 생각이 점점 달라졌지요. 마침 남편과 함께 농장을 경영하고 장사를 할 기회가 생겼습니다. 장사가 생각보다 잘 되면서 점점 더 큰 규모의 무역 활동이 되었고, 덕분에 큰돈을 모을 수 있었죠. 그 돈으로 포로가 된 조선 백성들을 자유롭게 풀어 줄 수 있었답니다. 힘들지만 큰 보람을 느꼈습니다.

보기보다 사업 수완이 뛰어나고 돈을 잘 모았다고 하던데요? 소현 세자도 부인을 아주 든든한 동지라고 생각했겠어요.

저와 남편이 힘을 내야 포로로 끌려온 백성들 역시 힘을 낼 수 있을 거라 생각했어요. 남편에게 저의 생각을 솔직하게 충고하는 편인데, 남편이 그런 제 판단을 존중해 줘서 좋았습니다. 저를 믿고서, 남편은 청과의 외교 활동과 새로운 문화를 배우는 일에 더 집중할 수 있었어요.

진짜 시련은 조선에 돌아오고 나서부터 시작된 셈이네요.

시아버지는 저희 부부가 청 사람들과 은밀하게 만나 왕의 자리를 바꿀 준비를 했다고 생각했어요. 또 귀인 조씨의 이간질을 곧이곧대로 믿고 저희를 의심하기도 했죠. 청에서 돌아온 제가 친정 아버지의 장례식에 가는 것을 막기도 했고요.

그러나 무엇보다 가슴이 아픈 건 사랑하는 남편이자, 저와 함께 꿈을 꾸었던 동지인 소현 세자를 죽게 한 것입니다. 그토록 건강했던 남편이 두 달 만에 죽었다는 게 믿기지 않아요.

 소현 세자 | 조선 왕실의 의문사

시아버지인 인조 임금님께 사건 조사를 다시 해달라고 간청했다죠?

네. 하지만 시아버지는 제 부탁을 들어주지 않으셨죠. 뿐만 아니라 저의 오라버니들을 역모를 꾸민다는 이유로 유배를 보내고, 제 아들이 아니라 도련님인 봉림 대군을 세자 자리에 올리기까지 했습니다. 시아버지의 침소로 달려가 통곡하기도 하고, 아침 문안 인사도 가지 않으며 저항했지만 아무것도 달라지지 않았죠. 시아버지의 수라상에 올라간 전복구이에 제가 독을 넣었다는 것도 전부 거짓입니다.

정말 파란만장한 삶을 사셨군요. 마지막으로 하고 싶은 말씀이 있나요?

비록 조선 사회에 받아들여지지 않았지만, 저와 남편이 청에서 했던 일들을 후회하진 않습니다. 다만, 남편이 꿈꾸었던 새로운 조선을 이제는 세울 수 없게 되었기에 너무나도 안타깝습니다.

고종훈의 한국사 브리핑

인물 핵심 분석 ▶ 소현 세자

QR 코드를 찍으면 고종훈 선생님의 강의를 볼 수 있어요.

시대 ▶ 1612년~1645년
요즘 드는 생각 ▶ 조선에 어떻게 신문화를 전할까?
아끼는 물건 ▶ 화포, 천리경, 천문학 책 등 청나라에서 가져온 신문물
베스트 프렌드 ▶ 독일인 신부 아담 샬
연관 검색어 ▶ 볼모, 의문사, 인조, 독살
역사적 중요도 ▶ ★★★☆☆
시험 출제 빈도 ▶ 보통

소현 세자는 볼모로 청에 끌려가야 했어요.

병자호란 이후 청은 조선의 세자를 볼모로 끌고 갔습니다. 다시 돌아올 때까지 약 8년 간 소현 세자는 아내인 세자빈 강씨, 동생 봉림 대군과 함께 청에서 생활해야 했습니다. 고생스러운 날들이었죠.

소현 세자는 청에서 외교관의 역할을 했어요.

청 관리들은 조선에 관한 일을 소현 세자와 상의했어요. 소현 세자는 조선의 이익을 위한 외교관으로서의 역할을 했습니다. 그리고 사업을 벌여 포로로 끌려온 조선 백성들을 구제하기도 하였어요.

소현 세자는 문화에 대해 앞선 시각을 가졌어요.

소현세자는 청에서 활동하며 청의 앞선 문물뿐 아니라 서양의 문물까지 접하게 되었습니다. 조선을 잘 사는 나라로 만들려면 청을 무조건 미워만 할 것이 아니라 배울 것은 배워야 한다는 생각을 갖게 되었지요.

인물 관계 분석

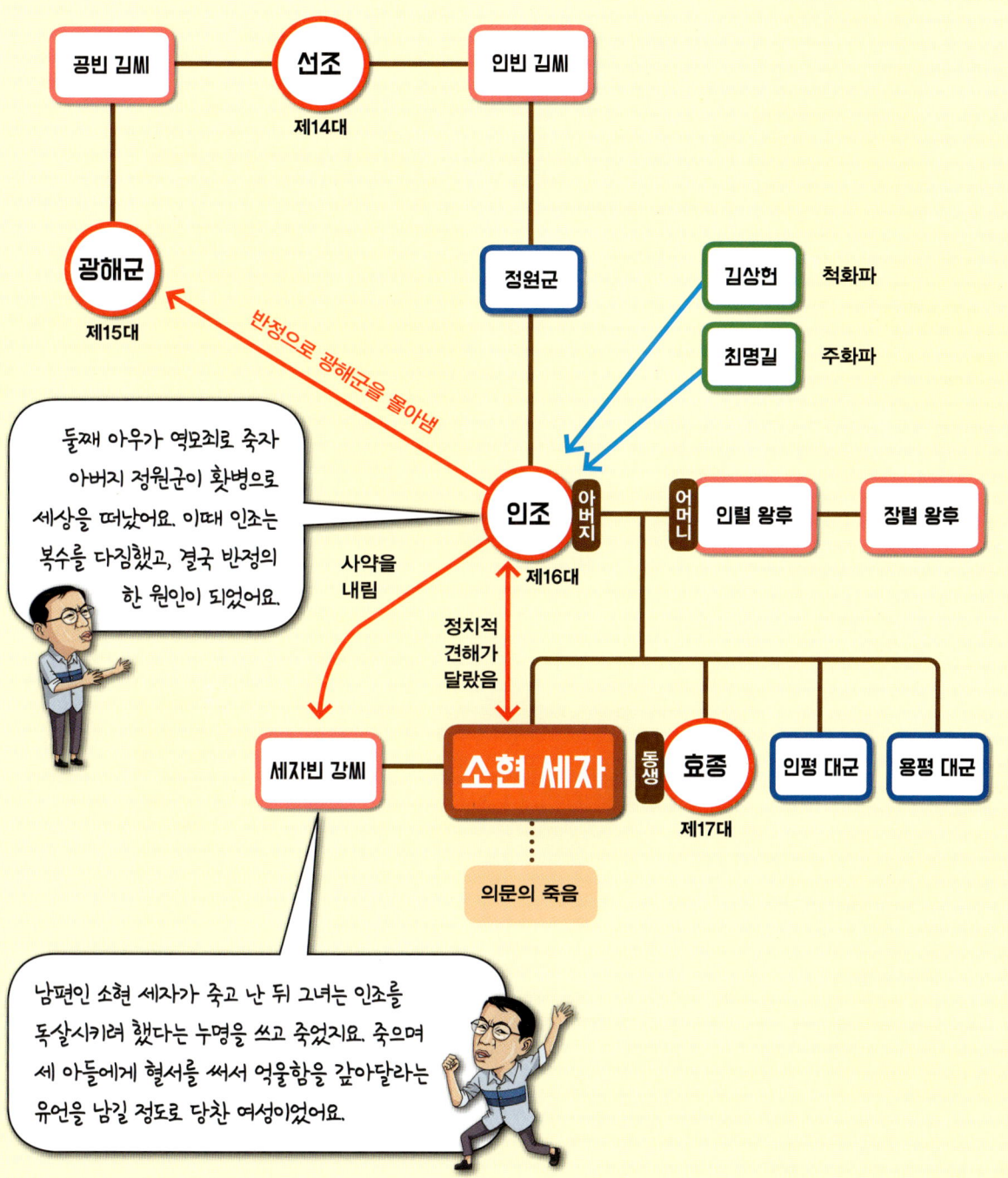

1 인물 초대석

봉림 대군, 왕위에 오르다

청에서 힘든 인질 생활을 끝내고 돌아와, 우여곡절 끝에 조선 17대 왕의 자리에 오르신 분이죠. 효종을 모시고 인터뷰를 진행하겠습니다. 청에 있을 때 형 소현 세자가 하는 일을 곁에서 도우며 형제간에 우애가 더 깊어졌다고 하죠?

효종

처음에는 포로로 끌려온 백성들을 풀어 주기 위해 노력하시는 형님과 형수님의 모습을 존경했지요. 행여 청에서 형님을 위험에 빠뜨리려고 하면 아우인 내가 지켜드릴 거라고 다짐했어요. 인질이었던 우리 형제는 청이 명을 공격하는 전투에 참여해야 했는데, 그때마다 나는 항상 형님과 동행했고, 청이 형님에게 전쟁에 참여하라고 강요하면 대신 가겠다고 고집했어요.

우리 형제는 명이 무너지는 모습을 가까이에서 볼 수 있었어요. 이를 보고 형님은 청이 강해질 수 있었던 이유를 알기 위해 노력하고, 좋은 점이 있다면 배워야 한다고 했지요. 그런데 나는 그 말이 이해가 가질 않았어요. 조선도 군사력을 키워 치욕을 준 청에게 복수해야 한다고 생각했죠. 청 황제에게 치욕적인 삼배구고두례를 하시던 아바마마의 모습을 어찌

잊을 수 있겠어요. 형님이 오랑캐들의 꼬임에 넘어간 것 같아 안타까워요.

두 분의 생각이 달라졌다고는 해도 어쨌든 함께 청에서 고난을 이겨낸 각별한 사이일 텐데요. 전하보다 먼저 조선으로 돌아간 형이 의문의 죽음을 당했다는 소식을 들었을 때 어떤 기분이셨나요?

언제나 형님을 따랐기에 그분의 죽음은 내게도 무척 충격적이었죠. 조선에 돌아와서는 우선 궁궐이 돌아가는 흐름을 지켜봤어요. 또 아바마마의 사랑을 받고 권력을 휘두르는 귀인 조씨의 눈 밖에 나지 않도록 조씨가 낳은 이복형제들과도 사이좋게 지냈지요.

형 소현 세자가 독살을 당했다는 소문이 퍼진 가운데, 세자빈 강씨가 사약을 받아 죽고 어린 조카들까지 제주도로 유배를 갔습니다. 그 상황에서 왕위에 오르게 되어 전하의 마음은 그리 편하지 않았을 듯합니다.

처음에는 왕의 자리를 거절하겠다며 울면서 간청하기도 했죠. 아바마마에게 부디 형님의 아들인 원손마마를 왕세손으로 정하시라고 부탁도 드렸어요. 하지만 나를 왕위에 올리겠다는 아바마마의 뜻이 워낙 확고한지라 받아들일 수밖에 없었어요. 청의 물건들을 가져와 그들의 발전된 모습을 설명하던 형님보다는, 청에게 복수하여 아바마마를 지켜드리겠다는 나의 생각을 마음에 들어 하셨던 건지도 모르지요.

소현 세자의 첫째 아들이 아닌, 동생이 왕위에 오르는 것은 유교의 법도에 어긋난다며 신하들이 반대한 것에 대해서는 어떻게 생각하십니까?

그 이야기는 더 이상 꺼내지 않았으면 좋겠어요. 조카를 두고 왕위에 오른 내 행동이 유교의 도리에 어긋나는 것으로 보이면 다른 신하들이나 백성들이 나를 왕으로 인정하지 않을 것 같습니다.

네, 알겠습니다. 전하께서는 그런 문제들에 대한 책임을 느끼고 왕으로서 더 모범적으로 살기 위해 노력하셨다고 들었습니다.

나와 왕비인 인선 왕후 장씨는 늘 절약하고 검소하게 생활하려고 노력했지요. 자격이 없는 왕이라는 이야기를 듣고 싶지 않아서 공부도 열심히 하고, 대군 시절에 그토록 좋아했었던 술도 끊었죠.

우여곡절 끝에 왕위에 오르셨는데요, 앞으로 어떻게 나라를 다스릴 계획이신가요?

우선 전쟁으로 힘든 삶을 살고 있는 백성들이 잘살 수 있도록 노력하려고 합니다. 광해군 때 경기도에서만 실시되었던 대동법을 신하 김육이 건의한 대로 충청도와 전라도까지 확대 실시할 예정이에요. 특산물을 세금으로 바치는 것은 농민들에게 큰 피해가 된다는 것을 나도 잘 알고 있거든요. 그리고 무엇보다도 흔들리는 나라의 기강을 바로잡기 위해 새로운 목표를 정했어요. 그건 바로 북쪽 오랑캐를 정벌하기 위해 군사력을 키우는 북벌 운동이에요. 나와 함께 청에 지지 않는 강한 조선을 만들어 봅시다!

이상으로 효종과의 인터뷰를 마치겠습니다.

2 헤드라인 뉴스

생방송한국사

오늘은 효종의 새로운 정책인 북벌 운동을 소개하려고 합니다. 세계적인 강대국 청에 군사력으로 맞서려는 것인데요, 과연 이것이 가능한 것인지, 준비는 어떻게 진행되어 가는지 알아보도록 하겠습니다.

조선은 오랑캐라고 무시한 청과의 전쟁에서 패배하자 큰 충격에 빠졌어요.

김역사 기자

효종이 처음 북벌을 시작하게 된 이유는 무엇이었을까요? 정묘호란과 병자호란에서 아버지 인조와 나라가 겪은 치욕을 씻어내기 위해, 형과 함께 청에 인질로 잡혀 있었던 과거를 앙갚음하기 위해서였죠.

효종은 자신의 결심을 행동으로 옮기기 위해 오랑캐를 물리치는 데 뜻을 같이 할 **척화**파 신하들만 남기고, 청과 친하게 지내자고 주장하는 신하들을 모조리 물리쳤어요. 그 척화파 신하들 중에는 효종의 북벌에 찬성하는 송시열처럼 많은 사람들이 존경하는 유학자도 있었지요. 그리고 그들과 함께 북벌을 논의하고 준비했어요.

효종은 청의 침략으로 무너진 조선의 군사력을 다시 강하게 만들기 위해 애썼어요. 조선의 병력이 어떻게 강해졌는지, 군사 보고서를 보실까요?

효종 | 북벌을 펼치겠노라

군사 보고서

1. 군사 시설이나 장비를 갖추고, 군대에 필요한 돈과 식량을 마련한다. ☑
   - 전쟁으로 무너진 성을 다시 쌓고, 강화도에 진을 설치한다.
   - 북벌 준비를 위한 특별 세금을 걷고, 군인들이 먹을 식량을 챙겨 주는 사람을 뽑는다.

2. 왕족이나 친척들이 아닌, 실력 있는 무신이 직접 군사를 키우는 일을 맡게 한다. ☑
   - 어영대장 겸 훈련대장 이완에게 군사 훈련을 맡겨 6백여 명이던 군사를 1천여 명으로 키운다.

3. 각각의 군대를 정비하고 강하게 만든다. ☑
   - 궁궐과 임금을 지키는 부대인 금군을 키워 왕의 힘을 강하게 한다.
   - 청에 맞서 싸우는 특별 부대인 **어영청**을 2만여 명으로 늘린다.
   - 남한산성에 있는 수어청을 정비하여 성 주변의 수비를 튼튼히 한다.

4. 훈련도감을 정비하여 포수를 키우고, 신무기를 개발한다. ☑
   조선에 머물게 된 네덜란드인 하멜 등을 훈련도감에 소속시켜 조총과 화포 등의 신무기를 도입하고, 화약을 만들게 한다.

5. 지휘관을 보내 지방에 있는 군대를 훈련하게 한다. ☑

척화
화해하자고 의논하는 것을 물리치는 것

어영청
조선 후기 임진왜란을 계기로 설치된 다섯 군영(5군영) 중 하나로, 왕을 호위하던 군영이에요. 5군영에는 어영청 외에도 훈련도감, 총융청, 금위영, 수어청이 있어요.

효종이 왕의 자리에 있는 동안 가장 관심을 기울인 부분은 바로 군사 분야예요. 우선 군대 규모를 늘렸지요. 엄하게 군사들을 훈련시켜 그 어느 때보다 훌륭한 군사들로 거듭나게 만들었지요. 효종 본인도 시간이 나는 대로 군사 훈련장을 찾아 격려했어요.

또 국경 지역에 성을 쌓게 하고, 화약과 대포를 많이 만들어 중요한 성에 보관해 전쟁이 터지면 바로 사용할 수 있도록 했어요. 조선으로 표류해 들어온 하멜 일행의 도움을 받아 총을 개량하는 데에도 열심이었지요. 한양으로 들어오는 길목에 위치한 강화도를 정비했고, 남한산성에는 비상시에 먹을 식량도 많이 쌓아놓기도 했어요.

그러던 어느 날, 효종이 아버지 인종의 제사를 치르고 돌아오는 길에 말을 탄 장수들에게 이런 제안을 했어요.

"저기 꽂혀 있는 깃발을 빨리 뽑아 오는 자에게 큰 상을 내리겠노라!"

군사들은 임금에게 잘 보이고 싶고, 상도 받고 싶은 욕심에 자꾸 부정 출발을 하는 게 아니겠어요? 화가 난 효종은 부정 출발을 할 때마다 엄하게 꾸짖었지만 별로 나아지지 않았어요. 이런 상황에서 정시영이란 사람이 부정 출발로 1등을 했어요. 궁으로 돌아온 효종은 이렇게 말했지요.

"병법에 이르길 북을 치면 백만의 적군이 앞을 가로막아도 전진해야 하고, 징을 치면 금은보화가 앞에 쌓여 있어도 나아갈 수 없다고 했다. 이는 군령이 엄해야 함을 이르는 말이다. 오늘 이를 어긴 정시영의 목을 잘라 군법의 엄함을 널리 알리라!"

효종은 이렇게 강한 기세로 군사들을 기르며 북벌을 준비해 나갔어요.

효종 | 북벌을 펼치겠노라

그러나 시간이 지날수록 북벌 운동에 반대하는 사람들이 점점 늘어났어요. 전쟁을 준비한다는 게 말처럼 쉬운 일이 아니었거든요. 전쟁으로 무너진 성을 다시 짓기 위해 백성들이 공사에 동원되어야 했고, 시시때때로 군사 훈련을 받느라 제대로 농사를 지을 수도 없었죠. 나라에 굴러다니는 쇳덩이나 쇠붙이는 전부 다 조총과 화포를 만드는 데 사용되었고, 무기 하나를 만드는 데에 엄청나게 많은 비용이 들었어요. 게다가 군사력을 키운다고 특별 세금을 걷기까지 했답니다.

당시 국제 정세도 효종이 생각했던 것보다 더 안 좋게 돌아갔어요. 청의 힘이 나날이 커져서 동아시아 최고의 강대국으로 성장하게 된 거예요. 이런 것만 비교해 봐도 북벌 운동이 무리인 걸 알 수 있지요?

하지만 북벌을 준비한 결과 조선은 군사력이 탄탄해졌어요. 북벌을 준비하는 과정에서 비록 청과 같은 큰 나라를 쳐들어갈 정도는 아니지만 외부의 적이 쳐들어왔을 때 임진왜란이나 병자호란 때처럼 무력하게 당하지 않을 만큼 힘이 커진 거죠. 더불어 무기 만드는 기술도 많이 성장했어요. 화포나 조총 같은 신무기 개발과 더불어 전문적으로 훈련된 **포수**들을 키워 내면서 이들이 강력한 부대가 되었다는 것은 청에도 소문이 날 정도였으니까요.

포수
조총과 화포를 가진 군사

효종의 북벌 운동은 갑작스러운 효종의 죽음으로 10년 만에 끝이 나게 됩니다. 그 후 현종과 숙종 때에도 이따금 북벌에 대한 이야기가 나오기도 했지만, 결국 실현되지는 못했어요. 오히려 시대가 변하면서 청의 문화와 기술, 생활 양식을 받아들이자는 북학론이 나타나게 되지요.

3 심층 취재

*생방송*한국사

조선 조총수들의 대활약, 나선 정벌

지금 조선의 조총수들이 청의 요청을 받고 청을 도와주러 이동하고 있습니다. 청에게 굴욕적인 항복을 한 것이 엊그제 같은데 이제 효종의 북벌 정책으로 조선의 군사력은 강대국인 청을 도울 수 있을 만큼 성장한 것입니다.

김역사 기자

1654년, 헤이룽 강 부근에서 대규모의 전투가 발생합니다.

헤이룽 강은 청과 러시아의 국경을 가로지르는 강으로, 이곳에서 조선과 청 연합군이 러시아군과 전투를 벌입니다. 여기저기서 총과 대포의 불이 뿜어져 나오는, 단 하루만의 치열한 격전 끝에 조선과 청 연합군은 승리를 거두었어요.

조선의 입장에서는 원수나 다름없는 청을 위해 군대를 파견했다니 이게 어떻게 된 일인가 궁금하시죠? 또 전투에서 조선의 병사들은 어떤 활약을 했을까요? 그날의 사건 속으로 들어가 보시죠.

'나선'이란 러시아를 가리키는 옛 말이에요. 즉, 나선 정벌은 러시아를 무찌른 전투라는 뜻이지요. 러시아와 청은 국경을 맞대고 있는데 그동안 러시아는 국경 지대인 우랄 산맥을 넘어 헤이룽 강 부근을 왔다 갔다 하며 청의 모피나 가죽 등을 자주 약탈했어요. 러시아는 모피를 유럽에

효종 | 북벌을 펼치겠노라

팔아 큰 돈을 벌고 있었거든요. 나중에는 청의 땅에 대놓고 요새를 쌓고 그곳을 근거지로 삼아 모피를 수집하는 바람에 부근의 청 주민들과 충돌이 생길 정도였어요.

러시아가 이렇게 남의 나라를 멋대로 침범할 수 있었던 이유는 무엇 때문이었을까요? 본래 만주를 지배했던 청의 중심 세력이 중국 대륙 중심부인 남쪽으로 이동해 중국 전체를 지배하면서 만주 지역의 관리가 소홀해졌기 때문이에요.

▲ 나선 정벌

3년 동안 청군은 러시아군을 공격해 내쫓으려고 했지만 번번이 패하기만 했어요. 청군이 러시아군보다 훨씬 더 숫자가 많았는데도 말이죠. 총을 이용한 장거리 전투를 하는 러시아군의 실력이 만만치 않았던 거예요.

결국 참다못한 청은 만주와 가까운 조선에 지원병을 요청하기에 이르렀어요. 사실 조선은 그때 청의 신하 나라였기 때문에 청의 정중한 요청에 따라 지원병을 보낸다기보다는 강제로 병력을 빼앗긴 셈이었어요.

그동안 북벌을 하겠다며 국방력을 키워온 효종에게는 실력을 과시할 기회가 온 것이죠. 그토록 미워하는 청을 도와야 한다는 사실이 내키지는 않았겠지만 말이에요.

조선의 조총 부대는 만주 북부로 향했습니다. 그리고 청군과 함께 배를 타고 이동했어요. 조선과 청 연합군과 러시아 군대는 헤이룽 강에서 맞닥뜨렸습니다. 이것은 한국과 러시아의 역사상 첫 만남이었지요. 키가 2m에 달하는 러시아군을 처음 본 조선 사람들은 깜짝 놀랐다고 해요.

전쟁의 승패는 양쪽 군대의 총수 부대가 얼마나 활약하느냐에 달려 있었어요. 그런데 문제는 서로 사용하는 총의 성능에 차이가 났다는 거예요. 조선군이 사용하는 조총은 구식이라 총을 쏠 때마다 심지에 불을 붙여야 했지만 러시아군이 사용하는 총은 최신형이라 방아쇠를 당기기만 하면 **장전**한 총알을 쏠 수 있었기 때문에 사격 속도도 두세 배나 빨랐지요. 무기로만 보자면 조선군이 훨씬 불리한 상황이었어요.

그런데 조선의 조총 부대는 구식 무기를 가지고도 러시아군을 무찌르

장전
총포에 탄알이나 화약을 재어 넣는 일

68 효종 | 북벌을 펼치겠노라

는 대활약을 보여 주었어요. 흔들리는 배 안에서도 정확하게 적군을 조준하여 맞출 수 있을 정도로 **백발백중**의 사격술을 갖췄던 거지요. 결국 러시아군은 후퇴를 하고 말았답니다.

이렇게 멋진 승리를 거뒀는데도 청 사령부는 조선군을 푸대접했어요. 조선인 장군에게 작전 지휘권도 주지 않고 자기들 밑에서 싸우라고 했을 뿐 아니라, 러시아의 배 안에 있는 물건을 탐내서 무리한 작전을 명령했다가 조선군이 희생당하기도 했죠. 조선군은 돈 한 푼 못 받고 싸웠을 뿐만 아니라, 군량미조차 제공받지 못했어요.

나선 정벌에서 승리하고 돌아온 조선군을 푸대접한 건 조선도 마찬가지였어요. 머나먼 만주 땅에서 목숨을 걸고 싸우다 왔지만 조정에서는 보상도 내리지 않았고, 후한 평가를 해 주지도 않았어요. 무찔러야 할 적인 청을 도운 전쟁이었기 때문이에요.

하지만 나선 정벌에 대한 평가는 후대에 들어 달라졌어요. 숙종 때에는 나선 정벌의 주인공인 신유 장군을 다시 주목하기도 했죠. 신유 장군은 전쟁 상황을 매일매일 세세하게 기록한 『북정록』이라는 전쟁 일기를 남겼어요. 이 기록을 보면 적은 수의 군사로 대승을 거뒀다는 점, 부하들의 희생을 최소화하려고 했다는 점, 전쟁 중에도 기록을 소중하게 여겼다는 점 등이 자랑스럽게 느껴지지요.

나선 정벌로 인해 러시아군은 헤이룽 강 뒤편으로 물러났고, 청과 **네르친스크 조약**을 맺어 국경선을 확정하게 됩니다. 또 그로 인해 러시아가 남쪽으로 쳐들어오지 않게 되었죠. 세계사에 커다란 의미를 남긴 전쟁의 순간에 조선군이 함께 했던 것이에요.

백발백중
백 번 쏘아 백 번 맞힌다는 뜻이에요. 총이나 활 따위를 쏠 때마다 겨눈 곳에 다 맞음을 이르는 말이지요.

네르친스크 조약
시베리아의 네르친스크에서 체결된 국경 확정 조약으로, 청이 유럽 국가와 최초로 체결한 조약이에요.

조선 최초의 귀화인, 박연

차츰 과학 기술이 발달한 서양은 장거리 항해가 가능한 배를 만들어 동양에 나타나기 시작합니다. 특히 네덜란드는 일본과 무역을 하기 시작했기 때문에 일본으로 향하는 배들이 많았지요. 그중 몇몇은 길을 잃어 조선으로 오기도 했어요. 조선에 나타난 서양의 배, 과연 어떤 대접을 받았을까요?

때는 1627년, 정묘호란이 끝난 직후였어요. 네덜란드 사람 세 명이 제주도에서 관리들에 의해 붙잡혔지요. 이 중 한 명의 이름은 네덜란드어로 벨테브레이(Jan J. Weltevree). 나중에 박연이라는 이름을 얻어요.

70 **효종** | 북벌을 펼치겠노라

서양인 표류자를 본 제주도 관리들은 이들을 부산에 있는 왜관으로 보냈어요. 원래 그 당시 서양인 표류자들은 보통 중국으로 보내졌지요. 청으로 보내지면 그 곳에서 자기 나라를 찾아가는 것이었어요. 하지만 정묘호란으로 나라가 어수선했고, 적국이었던 청에 보내기도 애매했거든요. 왜관은 조선이 일본과의 외교를 관리하던 외교 기관이었는데, 왜관에서도 벨테브레이 일행을 받아 주지 않았어요. 이들은 일본인이 아니라는 이유였지요. 결국 조선은 이들이 조선에 머무는 것을 허락했어요.

조선 관리들은 곧 벨테브레이 일행이 대포를 만들 줄 안다는 것을 알게 되었고, 이들을 한성으로 보냈어요. 그리고 훈련도감에 근무하게 했지요. 또 병자호란에도 참여해 전투를 치르게 했어요. 벨테브레이만 목숨을 구하고 나머지 두 명은 병자호란 중 전사하고 말았어요.

전쟁에서 살아남은 벨테브레이는 조선에서 살기로 결심했어요. 그리고 이름도 조선식 이름인 박연으로 바꾸었지요.『인조실록』에 보면 무과에 박연이 뽑혔다는 기록이 나와요. 이제 박연은 당당하게 조선의 백성으로 살게 된 거죠. 무과에 응시해 급제한 박연을 불러 인조는 특별한 임무를 주었어요. 조선의 화포를 좀 더 우수하게 개량하는 것과 조총을 만들라는 것이었답니다. 효종 대에 박연은 훈련도감에서 북벌 정책의 핵심적인 역할인 신식 무기 제조 임무를 맡았어요. 고향에 가고 싶어 일본으로 보내 달라고 여러 번 청했지만 왕은 유능한 박연을 붙잡고 놓아주지 않았어요. 날개가 있어 날아가지 않는 한 나갈 수 없다며 안 된다고 했지요.

이후 박연은 조선 여인과 결혼해 1남 1녀를 두었으며, 원산 박씨의 시조가 되었어요. 또 효종 대에 표류해 온 또 다른 서양인 하멜 일행의 통역을 맡기도 했답니다.

『하멜 표류기』로 조선을 알린 서양인, 하멜

▲ 『하멜 표류기』의 저자 하멜 | 네덜란드 호린험에 세워진 하멜의 동상이에요. ⓒwikipedia. wikifrits

1653년, 일본 나가사키로 가던 네덜란드 상인의 배가 폭풍을 만났습니다. 그들이 정신을 차리고 깨어난 곳은 제주도의 해안가. 생존자는 36명이었고, 그들 중에는 하멜이라는 이름의 청년도 있었습니다. 중국이나 일본과는 교역을 한 적이 있었지만, 조선에 대해서는 잘 몰랐던 네덜란드인들은 두려움에 떨고 있었죠.

이때 네덜란드 출신으로 조선에 귀화한 박연은 하멜 일행이 표류해 온 제주도에 가서 통역을 맡았지요. 그리고 이들이 서울로 보내졌다가 다시 병영(兵營)으로 옮겨질 때까지 3년 동안 함께 지내면서 조선의 풍속과 말을 가르쳤어요. 조선에서 26년을 산 박연은 고국의 말을 거의 다 잊어버린 탓에 통역을 하는 데 어려움이 있을 정도였어요.

하멜 일행은 효종에게 네덜란드로 돌아갈 수 있도록 일본으로 보내 달라고 간청했지만 효종은 한 번 조선에 들어온 외국인을 다시 밖으로 내보낸 적이 없다면서 거절했어요. 그래도 효종은 하멜 일행을 잘 대접해 주었어요. 박연처럼 훈련도감에 소속시켜 병사로 일하게 했지요. 하멜 일행은 조선에 조총과 신무기를 만드는 데 도움을 주었어요. 갑작스럽게 한양 거리에 등장한 서양인 36명의 소식은 장안의 화젯거리였다고 해요.

하멜 일행은 계속해서 조선 밖으로 탈출할 계획을 세웠고, 조선을 방문한 청 사신에게 네덜란드로 돌아가게 해달라고 호소했어요. 하지만 조선 정부의 발 빠른 대처로 탈출은 실패하게 되었고, 그 벌로 모든 일행이 유배를 가게 됐지요.

　1666년, 하멜은 7명의 동료와 함께 구사일생으로 조선을 탈출하여 일본 나가사키를 거쳐 1668년 네덜란드로 돌아가게 되었어요. 그리고 귀국 후, 14년 동안의 조선에서 머물렀던 경험을 『하멜 표류기』라는 책으로 써냈지요. 무역 회사에 탐험 일지를 넘기면 14년 동안 밀린 월급을 받을 수 있었거든요.

　하멜은 자신의 책 『하멜 표류기』에 효종을 비롯해 관리, 병사, 양반들부터 가난한 백성까지 다양한 사람을 만나 그들의 삶을 관찰한 내용을 실었어요. 『하멜 표류기』는 조선이라는 나라를 서양 사람들에게 소개한 최초의 책이에요. 조선의 지리, 문화, 군사, 정치, 교역 등 다양한 면면을 확인할 수 있는 귀중한 역사적 자료가 되었죠. 유럽 사람들은 이 책을 흥미롭게 여겨서 곧 세계적인 베스트셀러가 되고 여러 국가에 번역되었어요.

　당시 전쟁에 지쳐 있었던 조선은 세계를 향한 문을 열만큼 적극적이지 못했어요. 효종은 하멜 일행에게 항해의 목적조차 묻지 않았어요. 그들에게 세계가 돌아가는 상황과 변화의 흐름 등 많은 정보를 얻어낼 수 있었을 텐데 참으로 아쉬운 대목입니다. 또 그들의 배에는 대포, 조총, 모래시계, 천리경 등의 서양 문물이 한가득 실려 있었고, 선원들 역시 항해 전문가와 무기 전문가 등 다양한 직업을 가지고 있어 조선 정부에서 이들의 기술을 적극적으로 이용할 수도 있었기 때문에 아쉬움이 큽니다.

 고종훈의 한국사 브리핑

인물 핵심 분석 ▶ 효종

QR 코드를 찍으면 고종훈 선생님의 강의를 볼 수 있어요.

시대 ▶ 1619년~1659년
재위 기간 ▶ 1649년~1659년
국정 운영 스타일 ▶ 오로지 북벌을 위해서!
가장 가기 싫은 장소는? ▶ 청, 삼전도
연관 검색어 ▶ 북벌론, 청, 봉림 대군, 척화파
역사적 중요도 ▶ ★★★☆☆
시험 출제 빈도 ▶ 보통

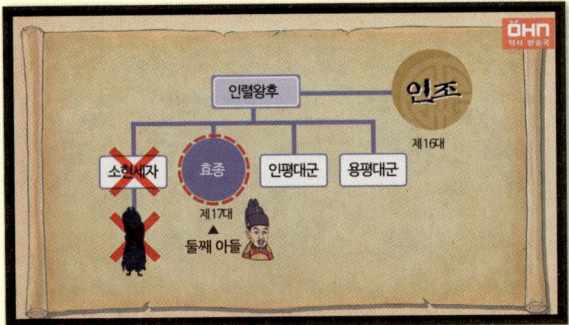

소현 세자가 죽고 왕위를 물려받았어요.

아버지 인조는 소현 세자가 죽자 며느리도 죽이고 손자들은 유배를 보내 버렸습니다. 이후 **왕위는 소현 세자의 아들이 아니라 소현 세자의 동생인 봉림 대군이 물려받았습니다.**

북벌 정책을 추진했어요.

효종은 인조의 정책을 물려받아 청을 공격하기 위한 북벌 정책을 실시하였습니다. 청에게 복수를 하자는 것이었지요. 효종은 뜻이 맞는 신하들과 함께 북벌을 위해 성을 정비하고 군사력을 키웠어요.

나선 정벌로 청을 도왔어요.

나선은 러시아를 말합니다. 청의 요구로 청과 러시아 군과의 싸움에 조선은 지원병을 보내게 됩니다. **북벌을 위해 잘 훈련되었던 조선의 조총병은 나선 정벌에서 크게 활약하여 러시아 군대를 무찔렀어요.**

인물 관계 분석

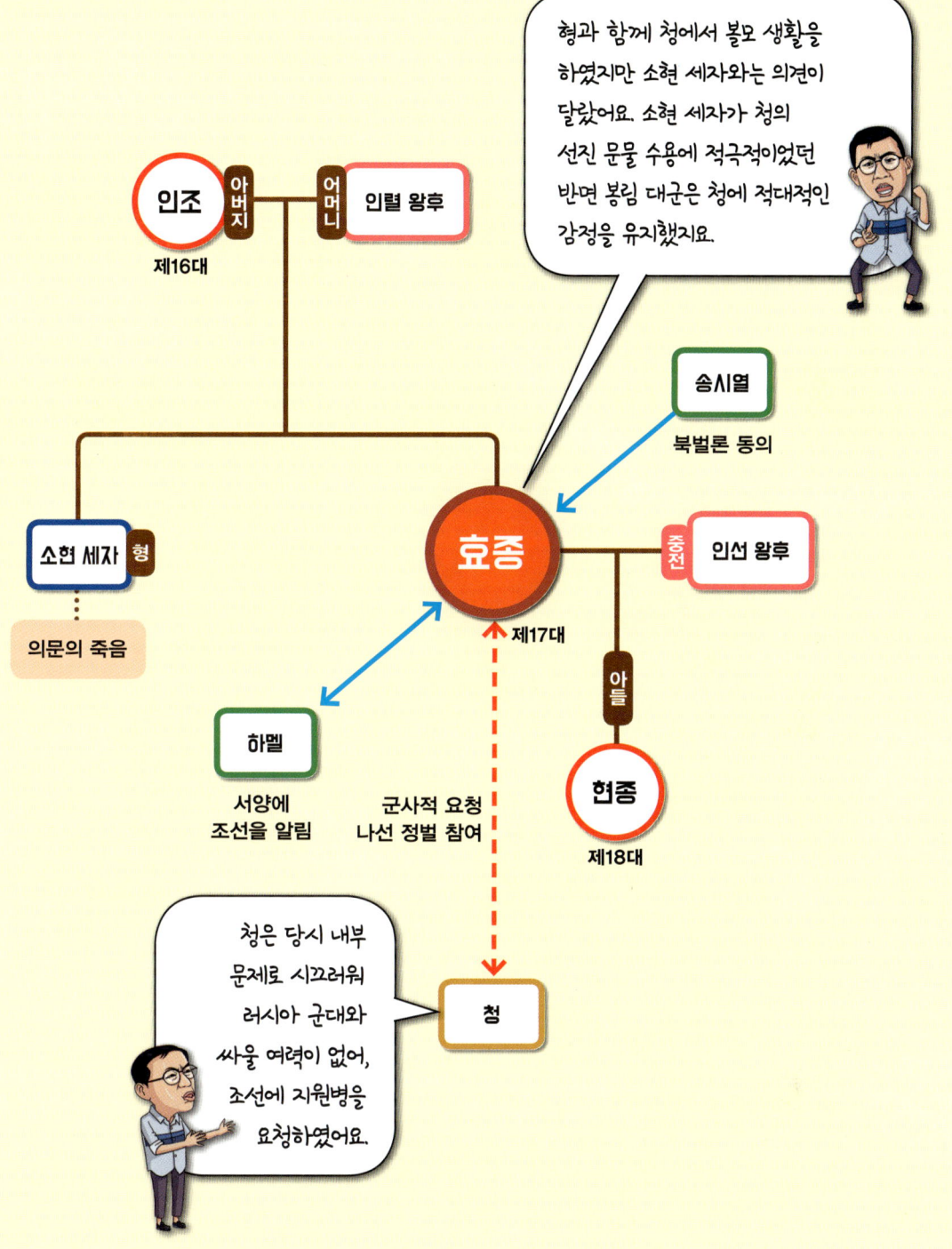

1 헤드라인 뉴스

상복을 몇 년 입느냐, 그것이 문제로다!

조선 정치계에 큰 회오리가 몰아치고 있습니다. 백성 여러분! 이 뉴스를 전하면서 저도 좀 고개가 갸웃거려지는데요, 지금 조정의 가장 큰 문제는 인조의 두 번째 왕비인 자의 대비가 효종의 상을 치르며 상복을 몇 년 입을지가 가장 큰 정치적 이슈라고 합니다.

왕위에 오른 현종과 신하들은 나라의 중심을 잡기 위해 성리학을 열심히 공부해서, '예절'을 중요하게 여기는 나라를 세우려고 했어요. 보통 예절에는 아랫사람이 윗사람을 잘 따라야 한다는 규칙이 더 많아요. 신분이 낮은 백성이 신분이 높은 양반의 말을 잘 따라야 한다는 식으로요. 그럼 사회에는 질서가 생기고, 높은 사람들이 아랫사람들을 다스리기가 쉬워지지요. 바로 이것이 왕과 신하들이 예절을 중요하게 여긴 이유랍니다.

또한, 바로 그 이유 때문에 누가 윗사람이고 누가 아랫사람인지를 정하는 것은 무척 예민한 문제가 되었고, 첫째 아들(맏아들)에게 모든 힘을 몰아주는 것으로 사회 분위기가 굳어져요.

하지만 세상일에는 언제나 예외가 있는 법! 현종의 아버지인 효종은 둘째 아들로서 왕위를 이었잖아요. 이 때문에 현종 대에는 '예의에 관한

> 북벌 정책을 펼쳤던 효종의 뒤를 이어 현종이 왕위에 올랐습니다.

김역사 기자

계비

왕이 다시 장가를 가서 맞은 아내를 말해요. 즉, 정비는 왕의 첫 번째 왕비를 말하고, 계비는 그 이후에 오른 왕비를 말하는 것이에요.

『주자가례』

송의 주자가 가정에서 지켜야 할 예의범절에 관해 기술한 책으로, 관혼상제에 관하여 자세히 수록되어 있어요.

논쟁' 즉 예송 논쟁이 정치판의 핵심으로 등장합니다. 효종이 죽자 효종의 어머니 격이자 인조의 **계비**인 자의 대비가 상복을 몇 년 입어야 하는지에 대한 예송 논쟁이 발생하게 되었답니다.

모든 일은 할아버지 인조가 나이 차이가 많은 어린 부인인 자의 대비를 계비로 맞이했기 때문에 발생했습니다. 인조의 나이 44세일 때, 계비의 나이는 15세였습니다. 인조의 아들인 효종보다도 다섯 살이나 어렸지요. 그러다보니 아들 격인 효종, 며느리 격인 인선 왕후가 죽을 때까지도 자의 대비가 살아 있는 특이한 경우가 발생한 거예요.

그런데 당시는 신하가 보는 예법책과 왕족이 보는 예법책이 달랐어요. 양반들은 『**주자가례**』에 적힌 예법을, 왕족은 『경국대전』을 따랐지요. 문제는 『경국대전』에 자의 대비 같은 특이한 경우가 발생했을 때 어떻게 해야 하는지 나와 있질 않았다는 거예요.

이때 현종의 고민은 크게 두 가지였습니다. 첫째, 아버지 효종이 태어난 순서로는 둘째가 맞지만, 어쨌든 왕이기 때문에 첫째 아들처럼 대접을 받아야 옳다고 생각했어요. 당연히 혼란스러울 수밖에 없었지요. 첫째 아들과 둘째 아들에게 적용되는 예법이 달랐기 때문에 이 문제는 무척 중요했답니다.

둘째, 당시 신하들의 힘이 점점 세지고 있다는 것이었어요. 그들의 무리를 서인이라고 부릅니다. 특히 서인의 대표 송시열은 효종이 죽고 난 후 더 큰 힘을 가지게 되어 이제는 왕의 권력을 위협할 정도였어요. 예송 논쟁 때에도 신하들 중에서 제일 큰 목소리를 냈지요.

1659년, 첫 번째 예송이었던 기해예송이 발생합니다. 효종이 죽고 현종이 왕에 오르자마자 벌어진 일이죠. 원래 예법대로 하면 어머니나 계모는 첫째 아들이 죽었을 때는 3년 동안 상복을 입고, 둘째 아들이 죽었을 때는 1년 동안 상복을 입어야 해요. 자의 대비는 이미 첫째 아들 소현 세자가 죽었을 때 3년 동안 상복을 입은 적이 있지요. 이후 둘째 아들인 효종의 장례에서는 몇 년 동안 상복을 입을지가 고민이었어요.

이때 서인인 송시열은 효종이 둘째 아들이 맞으며, 양반들이 보는 예법 책인 『주자가례』에 적힌 대로 1년 동안 상복을 입어야 한다고 주장했어요. 그 주장을 자세히 들여다보면 왕도 결국 사대부(양반)와 다를 바 없기 때문에 같은 예법을 따라야 한다는 것이었어요. 비록 신하이지만 세력을 얻은 서인들의 자신만만한 태도가 느껴지지요?

한편, 남인인 윤휴와 허목은 효종이 비록 둘째 아들이긴 했지만, 결국 왕위에 올랐기 때문에 첫째 아들로 대접해야 한다며 3년 동안 상복을 입어야 한다고 했어요. 왕이니까 특별한 예법을 따라야 한다는 것이죠.

현종의 입장에서는 서인의 주장이 못마땅할 수밖에 없었습니다. 아버지인 효종을 무시하는 것처럼 보였거든요.

"우리 아버지를 맏아들로 대접하지 않겠다는 건, 정당하게 왕위를 이은 것이 아니라는 뜻인가? 그럼 그의 아들인 나도 정당하지 못한 왕이 되는 것이란 말이냐?"

하지만 이제 막 왕위에 오른 어린 왕이었던 현종은 어쩔 수 없이 서인의 손을 들어줄 수밖에 없었어요. 강한 권력을 가지고 있었던 서인과 등을 돌릴 수도 없을 뿐더러, 싸움이 너무 길어질 경우 나라를 다스리기 어렵기 때문이었죠.

2 심층 취재

예의로 인해 또 발생한 논쟁

두 번째 소식을 전해드립니다. 앞 소식과 비슷해 헷갈리실 것 같은데요, 효종의 부인이며 현종의 어머니인 인선 왕후가 돌아가시자 또 자의 대비가 몇 년 동안 상복을 입어야 할지를 놓고 신하들끼리 한 치의 양보도 없이 싸우고 있습니다. 김역사 기자가 전해드립니다.

김역사 기자

기해예송이 있은 지 15년 후인 1674년 갑인예송이 벌어졌을 때는 상황이 달라져 있었어요. 앞선 예송 논쟁과 마찬가지로 효종의 부인이자, 현종의 어머니인 인선 왕후의 장례에서도 다시 한 번 자의 대비가 얼마 동안 상복을 입어야 할지 그 기간이 문제가 되었어요.

기존의 예법대로라면 시어머니인 자의 대비는 첫째 며느리가 죽으면 1년 동안 상복을 입고, 둘째 며느리가 죽으면 9개월 동안 상복을 입어야 해요. 이때 서인은 효종이 둘째 아들이므로 부인인 인선 왕후 역시 둘째 며느리로 보고 9개월 동안 상복을 입어야 한다고 주장했고, 남인은 인선 왕후가 왕비이기 때문에 1년 동안 상복을 입어야 한다고 했지요.

이번에 현종은 누구의 편을 들었을까요? 갑인예송에서 현종은 남인의 손을 들어주었어요. 15년이나 왕위에 머무르면서 정치에 노련해진

	기해예송		갑인예송	
언제 발생했나?	1659년		1674년	
누구의 장례인가?	효종 (현종 아버지)		효종의 부인인 인선 왕후 (현종 어머니)	
자의 대비의 상복 착용 기간은?	남인	효종 – 첫째 아들 대우 → 3년	남인	인선 왕후 – 첫째 며느리 대우 → 1년
	서인	효종 – 둘째 아들 → 1년	서인	인선 왕후 – 둘째 며느리 → 9개월
누가 승리했나?	서인(송시열, 송준길)		남인(윤휴, 허목)	

현종은 더 이상 서인들에게 휘둘리지 않았던 거죠. 효종을 사대부의 예법을 초월하는 왕으로 인정하는 남인의 주장을 받아들여 왕의 힘을 강하게 함과 동시에 서인들의 힘을 약화시켰죠.

참 복잡해 보이죠? 예송 논쟁이란 결국 왕과 서인, 남인이라는 신하들의 권력 다툼이 '예절'에 대한 말싸움으로 드러난 사건이었답니다. 안타깝게도 예송 논쟁이 겨우 마무리되어 갈 때 쯤, 현종이 창덕궁에서 세상을 떠나고 맙니다. 15년 내내 예법과 관련된 싸움을 벌였는데, 그 결과를 보지도 못한 거예요. 누가 위인지 아래인지 정하느라 그토록 오랜 세월이 걸린 셈이지요.

현종은 재위 기간 동안 두 차례의 예법 논쟁에 휘말렸습니다. 겉으로 보기에는 단순히 예절을 따지는 소모적인 다툼처럼 보였지만, 왕의 정통성과 신하들 간의 정치적인 대립이 얽히면서, 숙종 때의 더 큰 다툼의 씨앗이 되었답니다.

온 백성을 공포에 떨게 만든 대기근

김역사 기자

전 세계가 이상 저온에 시달리는 가운데 조선도 예외가 아닌 듯 합니다. 조선 역시 봄에 동해가 얼어붙고, 한여름에 서리가 내리고 있습니다. 이렇게 되면 농사가 걱정인데요, 현종 시기의 농촌 상황을 전국 각지의 현장을 연결해 알아보겠습니다.

백성 돌이

가뭄 때문에 추수를 할 수가 없고, 면화를 재배하질 못하니 옷을 해 입을 수가 없구만요. 죽은 사람들을 묻어 주질 못해서 시체가 거리에 나뒹굴고, 서로 가진 걸 빼앗겠다고 강도짓을 하거나 사람을 죽이는 일이 매일 일어나니 길가에 포졸들이 서서 감시하기도 해요.

상인 아무개

쌀값이 금값보다 더 비싸서 은 8냥으로 겨우 한 섬을 구입할까 말까 하고요. 쌀이 아예 없을 때는 양반들이 비단과 보물을 내놓아도 못 사요. 보물이 다 무슨 소용이래요. 먹을 게 없는 데 말이죠.

진휼청 관리

저희 진휼청은 흉년으로 굶주린 백성들을 구하기 위한 기관입니다. 올 봄에 기근이 들었을 때는 3월부터 6월까지 죽을 쒀서 굶주린 백성들에게 먹였습니다.

전라도 관찰사 오시수

올해처럼 굶주림과 추위가 심각한 적이 없었습니다. 사람들의 마음이 다급하고 여유가 없다보니 곳곳에서 도둑질이 늘어나고 있죠. 집에 조금이라도 먹을거리를 가지고 있는 사람들은 대부분 강도에게 빼앗겼어요. 심지어는 무덤을 파서 관을 깨고 시체가 입은 옷까지 훔쳐가는 사람들도 있다니까요! 돌림병이 돌아서 죽은 사람이 셀 수도 없습니다.

현종 | 예법에 대한 논쟁

하멜

조선은 겨울에 눈이 많이 내리는 나라 같습니다. 한번은 저희 일행이 어떤 절에 머물던 적이 있었는데, 집과 나무가 전부 눈으로 뒤덮여서 옆집으로 가려면 눈 속으로 굴을 파야 할 정도였다니까요.

현종

굶주림에 시달리다가 또 추운 계절이 찾아왔으니, 분명히 얼어 죽는 백성들이 많을 것이다. 의지할 곳이 없는 사람들에게는 겨울옷을 주거나 옷감을 지급하게 하라. 작년에도 흉년이 들었는데, 씨앗을 뿌릴 계절이 지나가도록 비가 오지 않으니 올 가을에 어떻게 추수를 할 수 있겠는가?

　이런 사실을 생각하면 내 몸이 불타는 듯 괴롭고, 차라리 죽고 싶은 마음이구나. 백성들은 먹을 것에 의지하고, 나라는 백성들에게 의지하는데, 이제 조선은 무엇에 의지해야 하는지……. 이것 참 걱정이구나.

왕위에 오른 직후부터 유례 없는 자연재해, 대기근에 전염병까지 돌고 있다 보니 현종은 왕으로서 제대로 된 정책을 펼치지 못하고 있습니다. 궁궐 내에서는 예송 논쟁으로 시달리고, 건강도 좋지 않아서 현종이 이 문제를 극복하기란 어려워 보입니다. 현장 브리핑였습니다.

83

 고종훈의 한국사 브리핑

인물 핵심 분석 ▶ 현종

QR 코드를 찍으면 고종훈 선생님의 강의를 볼 수 있어요.

시대 ▶ 1641년~1674년
재위 기간 ▶ 1659년~1674년
좌우명 ▶ 예절을 지키는 나라를 만들자.
요즘 드는 생각은? ▶ 상복 입기 지겹다! 지겨워!
요즘 신경 쓰이는 사람 ▶ 송시열
연관 검색어 ▶ 예송 논쟁, 대기근
역사적 중요도 ▶ ★★☆☆☆
시험 출제 빈도 ▶ 보통

효종의 장례 문제를 두고 서인과 남인이 대립했어요.

당시 유교 국가인 조선에서 장례에 대한 예법은 매우 중요했어요. 북벌을 펼치던 효종이 갑작스럽게 죽자 효종의 새어머니인 자의 대비가 상복을 입는 기간이 3년인지 1년인지를 놓고 남인과 서인 간에 치열하게 대립하였습니다.

효종 비의 장례 문제를 두고 서인과 남인이 또 한 번 대립했어요.

효종 비인 인선 왕후가 죽자 남인은 자의 대비가 1년 동안, 서인은 9개월 동안 상복을 입어야 한다고 주장하며 대립하였어요. 현종은 남인의 주장을 받아들여 1년으로 결정하였습니다.

대기근으로 백성들의 삶이 힘들었어요.

전 지구적인 이상 기후로 인해 현종 대에 조선은 큰 가뭄이 들어 백성이 기근에 시달렸어요. 뿐만 아니라 전에 없던 추위로 인해 백성들은 괴로워했지요.

인물 관계 분석

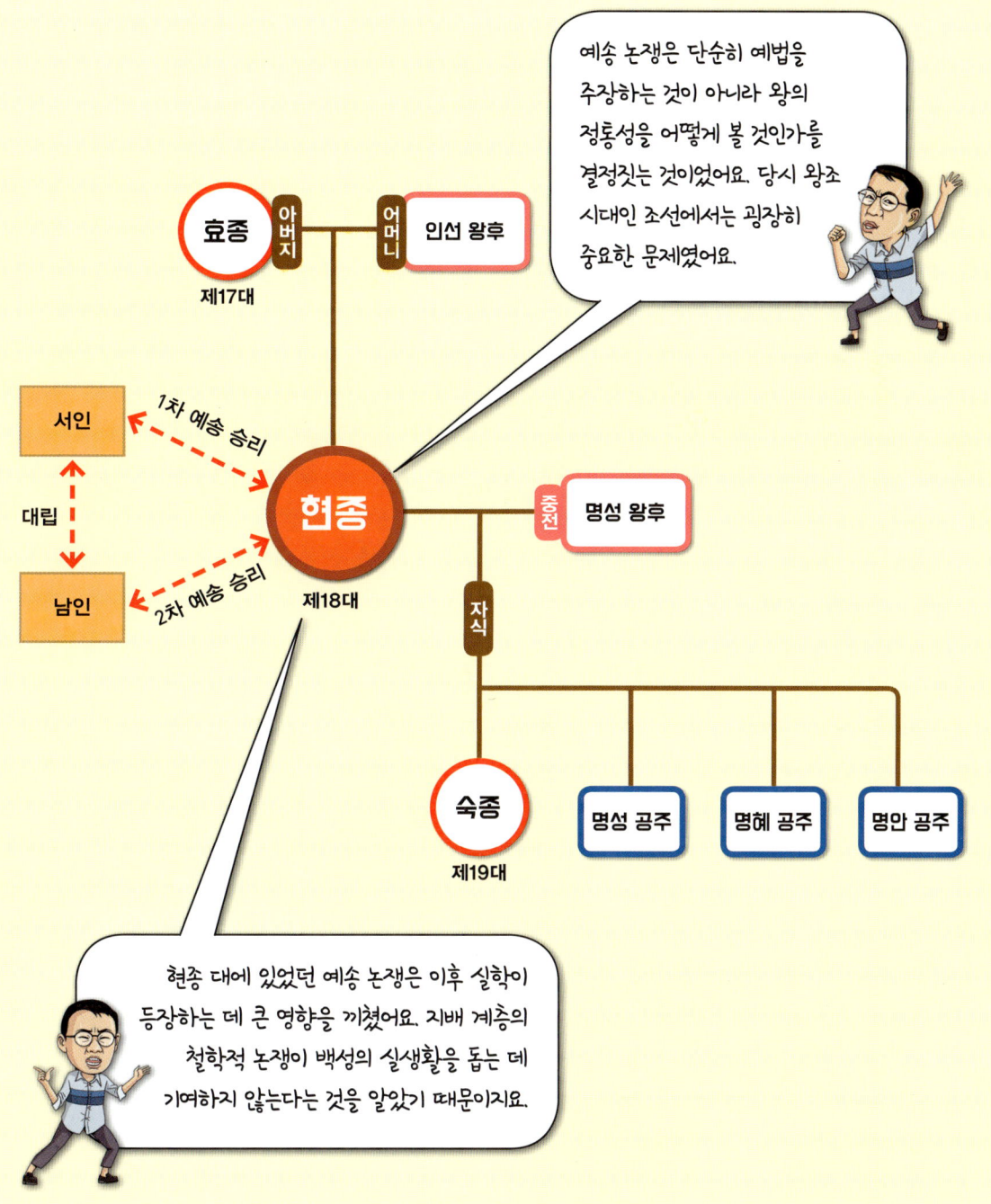

07 숙종

붕당의 대립

시대 1661년~1720년 **재위 기간** 1674년~1720년

타임라인 뉴스

1661 ● 현종과 어머니 명성 왕후 김씨 사이에서 태어나다

1674 ● 제19대 임금으로 즉위하다

1678 ● 금속 화폐의 사용을 강력히 추진하고 시행하며 상평통보를 발행하다

1680 ● 경신환국이 일어나다

1683 ● 서인이 노론과 소론으로 분열되다

1686 ● 장옥정을 종4품 숙원으로 승진시키고 노비 1백 명을 하사하다
장길산을 체포하라고 명령을 내리다

1688 ● 희빈 장씨가 아들을 낳다

1689 ● 희빈 장씨의 아들을 원자로 삼자 송시열이 반대하다
이를 계기로 기사환국이 일어나다
인현 왕후가 폐서인이 되어 궁에서 쫓겨나고 희빈 장씨가 왕비가 되다
송시열에게 사약을 내리다

1693 ● 안용복이 일본에 건너가 울릉도와 독도가 조선의 땅임을 확인받고 돌아오다

1694 ● 갑술환국이 일어나다
인현 왕후 민씨가 다시 왕비가 되다

1701 ● 인현 왕후가 사망하다
희빈 장씨에게 사약을 내리다

1708 ● 대동법이 전국적으로 실시되다

1720 ● 환국을 이용해 왕권을 강화한 숙종이 명릉에 잠들다

1 헤드라인 뉴스

붕당 정치에서 환국으로

각계각층의 사람들에게 설문 조사로 가장 존경하는 인물을 물어봤는데요. 백성에게는 이순신 장군, 광개토 대왕 등 다양한 의견이 나왔지만, 정부 관리들은 정확히 둘로 나뉘었습니다. 각 **붕당**의 시조를 쓴 것입니다. 붕당 정치, 이대로 좋을까요?

> 붕당 정치란 나라를 운영하는 철학 등이 비슷한 신하들끼리 모여 논쟁하고 토론하며 나라를 이끌어 가는 것을 말해요.

김역사 기자

붕당 정치 초기에는 각 당들이 나라 전체의 이익을 위해 노력하고, 서로 안 좋은 점이 있으면 고치게 하는 등 긍정적인 면이 많았어요.

조선 시대의 붕당은 대체로 어떤 스승의 제자인지에 따라 정해졌어요. 이후로는 어느 집안에서 태어났고, 어디 출신인지가 붕당을 결정했지요. 당시 조선은 과거를 준비하는 선비들에 비해 벼슬자리는 적어 혼자 힘으로 출세하기란 무척 어려웠어요. 그러니 같은 붕당 사람들의 도움이나 추천이 필요할 때가 많았답니다.

조선 시대의 선비들은 자신들이 옳다고 생각하는 것을 굽히지 않는 사람들이었어요. 그렇기 때문에 붕당끼리 한 번 싸움이 붙게 되면 그 싸움은 쉽게 끝나지 않았습니다. 심지어는 왕조차도 붕당의 눈치를 보면서 정치를 해야 했어요.

붕당 정치가 본격적으로 시작된 것은 임진왜란이 벌어지기 직전, 선조 때였어요. 지방에서 공부하던 선비들인 사림이 한양으로 올라와 조정에 진출하게 되었는데요, 이때 이들은 **이조 전랑**이라는 벼슬자리를 서로 차지하려고 했어요. 높은 벼슬은 아니지만 관리들의 임명을 담당하는 중요한 자리였거든요. 이 자리를 두고 김효원과 심의겸이 갈등을 벌이게 되지요. 궁궐 동쪽에 사는 김효원을 응원한다고 해서 '동인', 궁궐 서쪽에 사는 심의겸을 응원한다고 해서 '서인'이라는 붕당이 생겨나게 돼요.

붕당
정치와 학문의 방향이 같은 사람들끼리의 모임

이조 전랑
이조의 정랑과 좌랑을 함께 이르던 말이에요. 이조의 정랑과 좌랑은 관리의 임명에 가장 큰 권한을 가진 직책으로 전랑이라고 불렸어요.

동인은 다시 북인과 남인으로 나뉘는데 북인은 임진왜란 때 광해군과 함께 의병장으로 활동하며 집권 세력이 되지요. 광해군을 무너뜨린 인조를 지지하는 세력은 서인으로, 명분과 의리를 중시하고 친명배금을 내세워요. 서인은 효종 시기에도 집권하여 북벌 운동을 펼치지요.

현종 시기에 붕당 간의 싸움은 예송 논쟁으로 계속되었어요. 그런데 예송 논쟁이 끝나고 현종의 아들 숙종이 왕위에 오른 뒤에는 이전의 붕당 정치와는 다른 상황이 펼쳐지게 되었어요. 그전까지는 각 붕당끼리 싸움은 있었어도 서로 상대방의 존재를 인정하고 있고 함께 정치에 참여하는 체제였습니다. 그런데 숙종 때

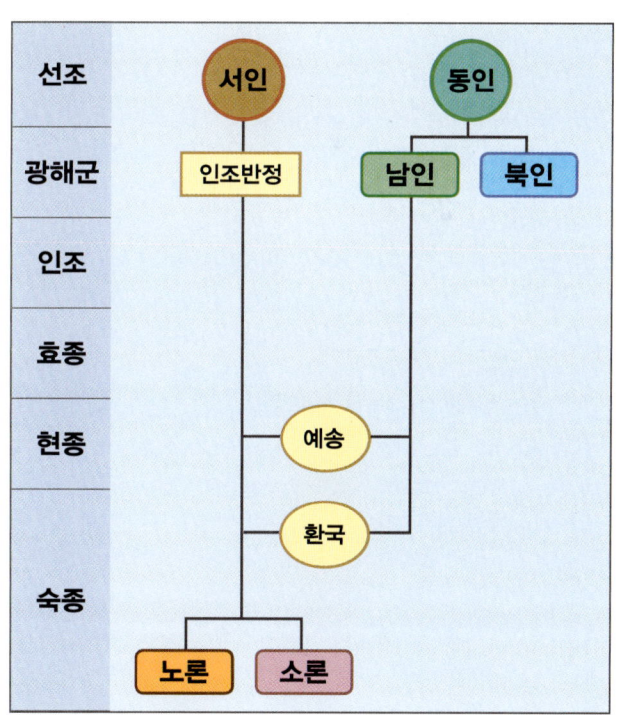

▲ 붕당 정치의 전개

일당 전제화
한 쪽 붕당이 전체 권력을 독차지하는 것

박탈
남의 재물이나 권리, 자격 따위를 빼앗는 것

부터는 어느 한쪽 붕당이 권력을 독차지하고 다른 당은 완전히 내쫓기는 **일당 전제화**로 바뀌게 된 거예요.

현종 때까지는 왕이 권력을 강화하기 위해 자신을 지지해 주는 붕당과 손을 잡거나, 한 붕당의 권력이 과도하게 커지면 일부러 다른 붕당의 세력을 강화시키며 정치를 했어요. 하지만 숙종 대에 들어서면 한 번은 서인, 한 번은 남인 이런 식으로 번갈아 가며 권력을 몰아주었어요.

이렇게 손바닥 뒤집듯이 제일 큰 힘을 가진 당이 바뀌어 정치 세력이 급격하게 교체되는 것을 환국이라고 합니다. 숙종 대에 환국을 세 번이나 겪게 되면서 서인과 남인 신하들 사이에서는 몇 차례 피바람이 불었어요. 권력을 독차지하는 과정에서 한쪽이 다른 쪽 붕당 신하들의 관직을 **박탈**하거나 유배를 보내고 사약을 내리는 식의 보복을 했거든요.

그런데 환국을 주도한 사람은 다름 아닌 숙종이었어요. 왕이 신하들의 싸움을 말리기는커녕 오히려 더 큰 싸움을 부추겼다니 이게 어떻게 된 일이었을까요? 붕당 간의 정치 싸움이 가장 치열했던 때에 그들의 갈등 관계를 이용해 새로운 정치판을 짠 숙종의 이야기, 다음 뉴스를 통해 알아보시죠.

2 심층 취재

아내마저 정치적으로 이용한 지략가, 숙종

궐내가 소용돌이치고 있습니다. 인현 왕후가 왕비 자리에서 쫓겨나고 만 것입니다. 그런데 이해가 가지 않는 것은 단지 왕비 한 사람이 바뀐 것뿐인데, 관리 전체가 새 사람으로 바뀌었다는 것입니다. 어떤 배경이 있는지 자못 궁금해지지 않을 수 없습니다.

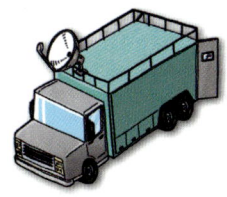

보통 어린 나이에 왕이 되면 어머니나 할머니 등 궁궐의 어른이 **수렴청정**을 했어요. 하지만 숙종은 처음부터 조정 일을 직접 챙겼지요. 어린 숙종이 과감하게 정치를 할 수 있었던 것은 숙종 자신이 똑똑했던 것도 있고, 왕실의 철저한 세자 교육도 한몫했어요.

숙종은 왕위에 오르자마자 단번에 자신의 존재감을 드러냅니다. 시작부터 최고의 명성을 가진 정치와 학문계의 거물, 서인 송시열과 담판을 벌이지요. 그때 송시열의 나이는 68세였는데 인조 때부터 활동하여 할아버지 효종, 아버지 현종의 스승 역할도 했던 대단한 사람이었죠. 그런데 14세 어린 소년 숙종은 그런 송시열과의 기 싸움에서 지지 않았어요.

현종의 업적을 기록하면서 예송 논쟁에 대해 정리하던 중 송시열의 제자가 스승의 나쁜 점을 쓰지 않으려 하자 숙종은 무섭게 화를 내며 말합니다.

숙종은 14세 어린 나이에 왕위에 올랐습니다.

김역사 기자

수렴청정

왕이 어린 나이에 즉위했을 때, 왕실의 어른이 왕을 도와 정사를 돌봄을 이르는 말

사약

왕족이나 사대부가 죄를 지었을 때 임금이 내리는 극약을 사약이라고 해요.

"너는 스승만 알고, 임금을 알지는 못하느냐? 당장 송시열이 예법을 잘못 이끌었다고 써라!"

왕권을 강하게 하려는 숙종과 서인의 대표자 송시열의 만남이 이처럼 악연으로 시작되는 것을 보고 14세의 숙종을 두려워하지 않는 신하가 없을 정도였다고 해요. 첫 번째로 타격을 입은 것은 남인이었어요. 당시 남인들은 현종 후반기에 예송 논쟁에서 승리한 후 기세등등한 상황이었죠. 처음에는 그들의 의견을 존중해 주었던 숙종이지만, 남인이 군사권마저 행사하려 하는 등 그 정도가 지나치자 숙종은 기회가 오기만 기다렸어요.

때마침 남인인 영의정 허적이 개인적인 잔치를 벌이면서 궁궐에서 쓰는 천막과 악공들을 빌려 갔어요. 숙종은 이 기회를 놓치지 않았죠.

"임금의 허락도 받지 않고 제멋대로 천막을 빌려 가다니! 여봐라. 괘씸한 남인 놈들을 당장 내쫓고 영의정 허적에게는 **사약**을 내려라."

이렇게 숙종은 환국으로 손바닥 뒤집듯 남인을 몰아내고 서인에게 힘을 몰아주었어요. 남인을 내쫓으니 이제 세상은 서인의 것이었지요. 숙종은 서인 출신 신하들을 관리로 뽑고, 서인 가문 출신 부인과 결혼을 했지요. 그런데 그렇게 맞은 부인은 천연두로 일찍 세상을 떠났어요. 서인 쪽에서는 부랴부랴 한 명을 더 뽑아 왕비로 앉히는데, 바로 최상의 가문 출신이자, 송시열의 친구인 민유중의 딸, 인현 왕후입니다. 인현 왕후는 예의바르고 어진 성품이라 백성들의 사랑을 받았지만, 결혼 후 6년 동안 아이를 낳지 못해서 국모로서는 불안한 나날을 보내야 했어요.

그러는 사이 남인에게 기회가 찾아오지요. 인현 왕후를 누르고 숙종

의 사랑을 한 몸에 받게 되는 희**빈** 장씨(장희빈)라는 여인 덕이었죠. 장희빈의 아버지는 본래 **역관** 출신으로, 남인들과 손을 잡고 있었어요.

인현 왕후와 장희빈, 두 여인은 숙종의 사랑을 놓고, 또 신하들은 여인을 내세워 일당 전제화를 이루려고 격렬한 싸움을 펼치게 됩니다. 궁궐은 온통 여자들의 입김으로 바람 잦아들 날이 없었지요. 그런 모습만 보고서 숙종을 여자들의 손에 놀아난 바보 같은 왕으로 기억하는 사람들도 있지만 그것은 사실이 아니에요.

인현 왕후와 장희빈은 한 사람의 여인이기도 하지만 각각 서인과 남인 당파를 대표하고 있었거든요. 숙종은 여인을 선택하면서 늘 그 배경에 있는 당을 선택하곤 했어요. 왕비의 자리를 바꿔가면서 정치 흐름을 뒤바꿨던 치밀한 지략가, 그가 바로 숙종입니다. 환국이라는 거센 흐름 속에 두 여인의 운명이 달려있었던 거지요.

빈
조선 시대에 후궁에게 내리던 정일품 내명부의 품계를 말해요. 귀인의 윗 품계로, 왕비로 책봉되면 품계가 없어져요.

역관
통역 일을 하던 사람

3 헤드라인 뉴스

생방송 한국사

장희빈과 인현 왕후, 무수리 최씨까지!

인현 왕후가 나간 자리를 장희빈이 차지한 게 엊그제 같은데 숙종의 눈이 무수리 최씨에게 향해 있다는 소식을 단독으로 입수했습니다. 무수리 최씨는 또 어떤 능력을 보여 줄지 궁금해집니다.

장희빈은 얼굴이 아름다웠다는 기록이 역사에 남아있을 정도로 미인이었다고 합니다.

김역사 기자

장희빈은 궁녀로 궐에 들어와 후궁 중에서도 가장 높은 빈의 자리까지 단숨에 오르게 되지요. 숙종은 인현 왕후를 찾지 않고 늘 장희빈만 찾았는데, 이는 서인들에게는 위협적인 상황이었어요. 또한 서인 가문 출신 왕비였던 숙종의 어머니 명성 대비 또한 장희빈을 무척이나 싫어했어요.

결국 장희빈은 한 번 궁궐 밖으로 쫓겨났다가 명성 대비가 죽고 난 후에야 궁으로 돌아올 수 있었습니다. 숙종이 장희빈을 잊지 못한다는 것을 안 인현 왕후의 부탁 때문이었어요. 장희빈이 다시 궁으로 돌아오자, 서인들 역시 바짝 긴장하게 됩니다. 이제는 더 이상 한 명의 궁녀가 왕에게 사랑받는 상황이 아니라, 남인들이 세력을 얻을 수도 있는 위태로운 상황이었거든요.

서인들의 우려는 현실이 되었습니다. 장희빈이 급기야 아들까지 낳았거든요. 왕이 된 지 14년 만에 첫 아들을 보게 된 숙종은 크게 기뻐하며 3세밖에 안 된 아이를 세자로 책봉하겠다는 발표를 하지요. 서인들은 인현 왕후가 아직 젊으니 그 사이에서 아이를 기다려 보는 것이 어떻겠냐며, 세자 책봉을 반대했지요.

아들의 탄생을 무척이나 기뻐했던 숙종은 화가 나서 서인들에게 등을 돌렸고, 궁궐 내 서인의 핵심 세력인 인현 왕후를 폐위시켰어요. 그리고 장희빈을 중전에 앉히지요. 서인들은 인현 왕후가 시어머니의 제사도 3년을 지낸 **조강지처**이며, 장희빈이 낳은 아들 윤을 친아들처럼 여기고 왕실에 헌신했음을 강조하며 폐출 반대 운동을 합니다.

하지만 숙종의 마음을 돌릴 수는 없었어요. 이때 송시열도 사약을 받아 죽을 정도였지요. 또 한 번 환국이 일어난 거예요. 서인은 무너지고 남인과 장희빈의 가문 사람들은 영의정 등의 높은 벼슬자리에 오르게 되지요. 모든 것이 하루아침에 다 뒤바뀌어 버린 겁니다.

그런데 영원히 장희빈을 총애할 것만 같았던 숙종의 마음은 또 다시 변하고 맙니다. 질투가 심했던 장희빈에 대한 사랑이 식기 시작했고, 남인 세력이 권력을 가진 만큼의 품위를 보여 주지 못한 점이 못마땅했던 거지요. 숙종은 인현 왕후를 쫓아낸 것을 슬슬 후회하기 시작했어요.

그때 숙종에 눈에 든 여인은 **무수리** 최씨였어요. 무수리 최씨는 장희빈이 중전으로 있음에도, 옛 중전이었던 인현 왕후의 생일상을 차리다가 숙종에게 들킵니다. 목숨을 걸어야 할 정도로 위험한 행동을 한 마음씨 고운 최씨에게 숙종은 반하게 된 거예요.

한편, 이 사실을 눈치 챈 장희빈은 임신한 최씨를 불러 매질을 했어요.

조강지처
처음 결혼하여 어려울 때 함께 고생한 아내를 가리킬 때 쓰는 말

무수리
무수리는 원래 몽골어로 '소녀'라는 뜻이에요. 고려 말 몽골 풍습이 들어오면서 여자종을 무수리라고 부르게 되었고, 조선 시대에는 궁중에서 청소일을 맡은 여자종을 가리키는 말로 쓰여요.

그때 낮잠을 자던 숙종은 용이 하늘로 올라가지 못하고 갑갑해하는 이상한 꿈을 꾸고는 장희빈을 찾아갑니다. 장희빈은 황급히 최씨에게 항아리를 뒤집어 씌워 아무 일도 없던 척을 했지만, 숙종은 모든 사실을 알게 되었지요. 이제 숙종의 마음은 장희빈에게서 멀어졌어요.

그동안 장희빈과 남인들의 행동이 못마땅했던 숙종은 이 일을 빌미로 장희빈을 중전의 자리에서 쫓아냈어요. 반면 인현 왕후는 다시 화려하게 궁궐로 돌아오고 장씨는 희빈으로 내려앉았지요. 그러나 왕비의 자리를 되찾은 인현 왕후는 얼마 지나지 않아 원인 모를 병을 앓다가 죽게 됩니다. 그 후 궁궐에는 장희빈이 왕비를 저주했다는 소문이 파다하게 퍼지지요. 왕비의 인형을 바늘로 찌르고 태우거나, 궁궐 깊은 곳에 무당을 불러들여 굿을 했다는 거예요.

무수리 최씨는 후궁으로 지위가 높아져 숙빈이 되었고, 인현 왕후와 친분이 두터웠죠. 그리고 이 모든 사실을 몰래 숙종에게 말했어요. 이 외에도 장희빈이 후궁인 최씨를 질투하고 괴롭혔으며, 아픈 인현 왕후의

문안을 가지 않고 존댓말 대신 '민씨'라고 낮춰서 불렀다는 사실 또한 밝혀졌어요. 장희빈은 세자가 병에 걸려 빨리 낫게 해달라는 기도를 했을 뿐 저주를 하지 않았다고 말했지만, 숙종의 분노를 가라앉힐 수는 없었지요.

결국 숙종은 장희빈에게 스스로 죽으라는 명령을 내리기에 이르렀어요. 신하들은 세자의 어머니를 죽이는 것은 있을 수 없다며 반대했지만, 장희빈은 사약을 받을 수밖에 없었죠. 얼마나 장희빈한테 화가 났는지 숙종은 이후 후궁이 중전으로 올라가지 못하게 하는 법을 만들기까지 했답니다. 장희빈의 죽음으로 서인들이 다시 관직을 차지하고, 남인들은 줄줄이 쫓겨났어요. 또 다시 환국이 일어난 거죠. 이 사건 이후로 남인은 다시 세력을 회복하지 못하고 **재야**의 선비로 남게 되었어요.

환국이 지나갈 때마다 왕의 힘은 더욱 강해졌습니다. 숙종은 자신의 부인들마저도 정치에 이용해 집권당의 약점을 잡을 정도로 치밀한 정치가였거든요. 결과적으로는 양쪽 붕당에게 한 번씩 권력의 기회를 주어서, 당파 싸움을 없애려고 노력한 왕이기도 하죠. 하지만 살아남기 위해 상대편 붕당을 수단과 방법을 가리지 않고 없애려 하는 나쁜 풍습이 생겨나기도 했어요.

환국이란 왕이 혼자서 결단하여 만들어진 극단적인 균형이었다는 평가도 있습니다. 서로 협력하여 좋은 정책을 내놓는 것이 아니라, 파괴적이고 소모적인 싸움이 되어 버렸다는 거예요. 분열의 정치가 통합의 정치가 될 수는 없었을까요? 이상 뉴스를 마칩니다.

재야
일정한 정치 세력이 공직에 나아가지 못하는 처지에 있음을 이르는 말

대동법의 확대로 조선 사회가 발전하다!

조선의 왕 중 영조 다음으로 통치 기간이 길었던 숙종은 대동법을 전국적으로 실시한 왕입니다. 대동법은 광해군 때 경기도에서 시행된 것을 시작으로, 효종 때에는 충청도와 전라도에서 시행되었고, 숙종 때에는 전국적으로 시행되었어요. 단, 평안도와 함경도는 중국 사신 접대나 국방비로 쓰기 위해 세금을 한성으로 보내지 않고 그곳에서 썼기 때문에 제외되었어요.

숙종 대에 전국적으로 대동법이 시행됨에 따라 특산품으로 공물을 납부하지 않고 쌀이나 베, 동전 등으로 납부하게 되지요. 이제 백성은 공물을 구하는 문제, 품질이 좋은지에 대한 문제, 어떻게 보관할 것인가에 대한 문제들을 걱정하지 않아도 되었어요. 또한 중간에 이득을 가로채는 상인들이 사라져 정직하게 세금을 거둘 수 있게 되면서 나라 재정에도 큰 도움이 되었어요.

대동법에 따르면 공물을 걷어가는 기준은 누가 얼마나 토지를 많이 가지고 있는가였습니다. 당연히 땅이 없거나 조금만 가지고 있는 가난한 백성들은 공물을 많이 내지 않아도 되는 거지요. 반대로 땅을 많이 가진 양반 부자들의 경우에는 더 많은 세금을 내야 한다는 뜻이 됩니다. 그래서 양반들은 대동법이 확대되는 것을 반대했어요. 결국 전국적으로 시행

◀ 상평통보 | 숙종 대에 전국적으로 유통된 최초의 화폐

되기까지 100여 년의 시간이 걸리게 되죠. 송시열 등의 유학자들은 양반들이 부당한 특권을 누려서는 안 된다며 대동법 확대를 건의하기도 했어요.

　대동법이 시행됨에 따라 나라에서는 백성들에게 거둬들인 쌀이나 베를 이용해 필요한 물건을 직접 구입하게 되었습니다. 그러다보니 나라에 필요한 물건을 직접 만들거나 판매하는 사람들이 생겨나게 되었지요. 이런 사람들을 '공인'이라고 해요. 그 덕에 물건을 만드는 일이 늘어나니 수공업이 발전하게 되고, 사고 파는 일이 늘어나게 되니 상업과 경제가 발전할 수 있게 됩니다.

　숙종은 이렇게 활발해지기 시작한 상업 활동을 지원하였습니다. 또한 물건을 사고파는 사람들끼리 상평통보라는 화폐로 거래를 할 수 있도록 널리 보급하지요. 이렇게 화폐가 유통된다는 것은, 조선이 농업에 의지하여 먹고 살던 사회에서 물건을 만들고 거래하는 상공업 사회로 발전했다는 증거이기도 해요.

▼ 대동법 확대 실시
( )는 실시 연도

- 황해도 숙종(1708년)
- 강원도 인조(1623년)
- 경기도 광해군(1608년)
- 충청도 효종(1651년)
- 경상도 숙종(1677년)
- 전라도 효종(1658년)

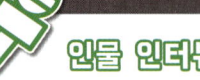 인물 인터뷰

비운의 왕, 경종

오늘은 죄인이 된 어머니 장희빈과 강한 카리스마를 가진 아버지 숙종 사이에서 태어난 경종을 모시고 인터뷰를 진행하겠습니다. 어머니 장희빈의 죽음과 관련되어서 안타까운 심경일 것 같습니다.

아바마마께서는 제가 태어난 걸 누구보다 기뻐하셨어요. 나는 아바마마의 극진한 배려와 사랑 속에서 성장할 수 있었지요. 그러나 모든 사랑은 제가 14세가 되던 해, 아바마마가 내린 사약을 받아 어마마마가 돌아가시게 되면서 끝나고 말았지요. 제발 어마마마를 살려달라고 대신들에게 그렇게 빌었지만 소용없더군요. 가장 괴로운 것은 어마마마가 악녀라는 비난을 듣는다는 사실이에요.

이후 나는 궁궐 내에서 많은 눈치를 보면서 자라야 했어요. 아바마마가 나를 미워하는 것 같아 심한 우울증을 앓기도 했지요. 그런데 무슨 일인지 아바마마는 나에게 대리청정을 하게 하셨어요. 그 때에도 나는 노론에게 트집잡히지 않기 위해 침착하고 차분하게 일을 하려고 최선을 다했어요. 하지만 아바마마는 점점 더 숙빈 최씨의 아들 연잉군(후일 영조로 등극)을 아끼는 모습을 보이셨지요. 들리는 말로는 노론 신하 이이명을 불러 비밀리에 연잉군을 부탁한다는 말을 남기기도 했다고 해요. 노론은 그 말을 근거로 나를 쫓아내고 연잉군을 왕으로 올리려고 했지요.

그런데 노론 세력은 어떻게 생겨난 건가요?
아바마마의 후계자 자리를 놓고 서인들 사이에서 다툼이 벌어졌어요. 노론 세력은 어마마마를 죽이라고 했을 뿐 아니라, 연잉군을 지지했던 자

 100 숙종 | 붕당의 대립

들이었어요. 반면 소론 세력은 어마마마를 살려야 한다고 하며 나를 지지해 주는 사람들이었지요. 소론에게는 참 고마운 마음이에요.

노론은 신하들 대부분의 나이가 많아서 그렇게 이름이 붙여진 것이고, 소론은 반대로 젊은 신하들이 많아서 그렇게 이름이 붙여진 것이에요.

그래도 경종께서 이렇게 살아계시는데 이복동생인 연잉군을 왕으로 앉히자는 노론 측의 주장이 조금은 무례하게 들리네요. 왜 그들을 내치지 않으셨나요?
우선 내가 건강이 몹시 좋지 않을 뿐만 아니라, 아이를 낳지 못해 왕위 계승이 불안했거든요. 게다가 나를 지지하는 소론의 힘이 약했어요. 심지어 노론은 내가 왕이 된지 1년 만에, 연잉군을 다음 왕위를 이어받는 아우인 세제(世弟)로 삼고, 세제가 대신 정치를 하게 하라는 주장까지 하더군요.

왕 대신 세제로 하여금 정치를 하라고 했으니, 왕권에 대한 도전이 아닐 수 없네요. 그래서 어떻게 하셨나요?
그래도 나는 노론의 주장대로 할 수 밖에 없었죠. 하지만 나의 마음을 이해해 주던 소론은 말도 안 되는 소리라고 반대했어요. 이런 소론 덕분에 나는 다시 직접 정치를 할 수 있었지요. 그 후 소론은 세제로 하여금 정치를 하게 하자는 노론의 주장을 나에 대한 불충이라고 여기고 대다수의 노론 대신들을 유배보내 버렸어요. 이후 집권한 소론은 연잉군을 제거하자고 내게 말했지만 나는 받아들이지 않았지요. 어찌 되었든 연잉군은 내 유일한 아우이기 때문에 정치적으로 보복하는 것은 옳지 않다고 생각했어요.

혼란스럽고 비정한 정치 상황에서도 동생을 생각하는 마음에서 경종의 고운 심성을 느낄 수가 있네요. 이상으로 인터뷰를 마칩니다.

고종훈의 한국사 브리핑

인물 핵심 분석 ▶ 숙종

QR 코드를 찍으면 고종훈 선생님의 강의를 볼 수 있어요.

- 시대 ▶ 1661년~1720년
- 재위 기간 ▶ 1674년~1720년
- 별명 ▶ 상남자, 갈대남, 바람둥이
- 국가 운영 스타일 ▶ 맘에 안 들면 바꿔 버린다.
- 좌우명 ▶ 왕권 강화가 제일 중요하다.
- 연관 검색어 ▶ 환국 정치, 장희빈, 붕당
- 역사적 중요도 ▶ ★★★★☆
- 시험 출제 빈도 ▶ 중요

붕당의 모습에 변화가 생겼어요.

숙종 이전까지는 붕당이 정치적 견해를 달리하며 같이 존재했습니다. 하지만 **숙종 대부터는 한 붕당이 집권하면 다른 붕당을 모조리 없애는 일당 전제화가 시작되었어요.** 환국은 정권을 쥐고 있는 당이 다른 당으로 바뀌는 것을 말해요. 숙종은 이 환국을 적극적으로 이용했어요.

숙종의 환국 정치로 한 붕당이 권력을 계속 차지할 수 없었어요.

숙종 당시에는 남인과 서인이 붕당을 이루다 숙종의 환국 정치로 서인과 남인이 번갈아 권력을 차지하였습니다. 환국마다 왕비가 바뀌어 서인이 집권할 때는 인현 왕후, 남인이 집권할 때는 장희빈이 왕비가 되었어요. **숙종은 이 환국을 통해 왕권을 강화한 거예요.**

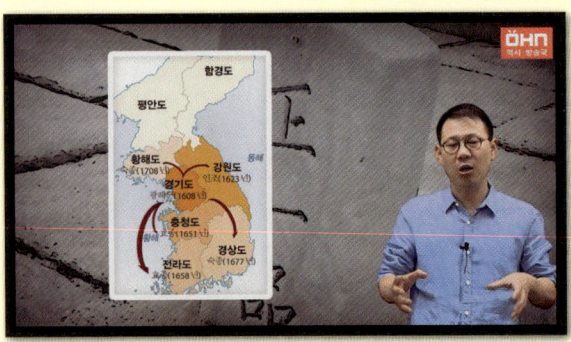

대동법이 전국적으로 시행되었어요.

광해군 때 처음 실시되었던 대동법은 양반과 지주의 반대로 천천히 시행 지역을 넓혀갔습니다. 그러다 **100여 년 만인 숙종 대에 이르러 대동법이 전국적으로 실시되었습니다.**

인물 관계 분석

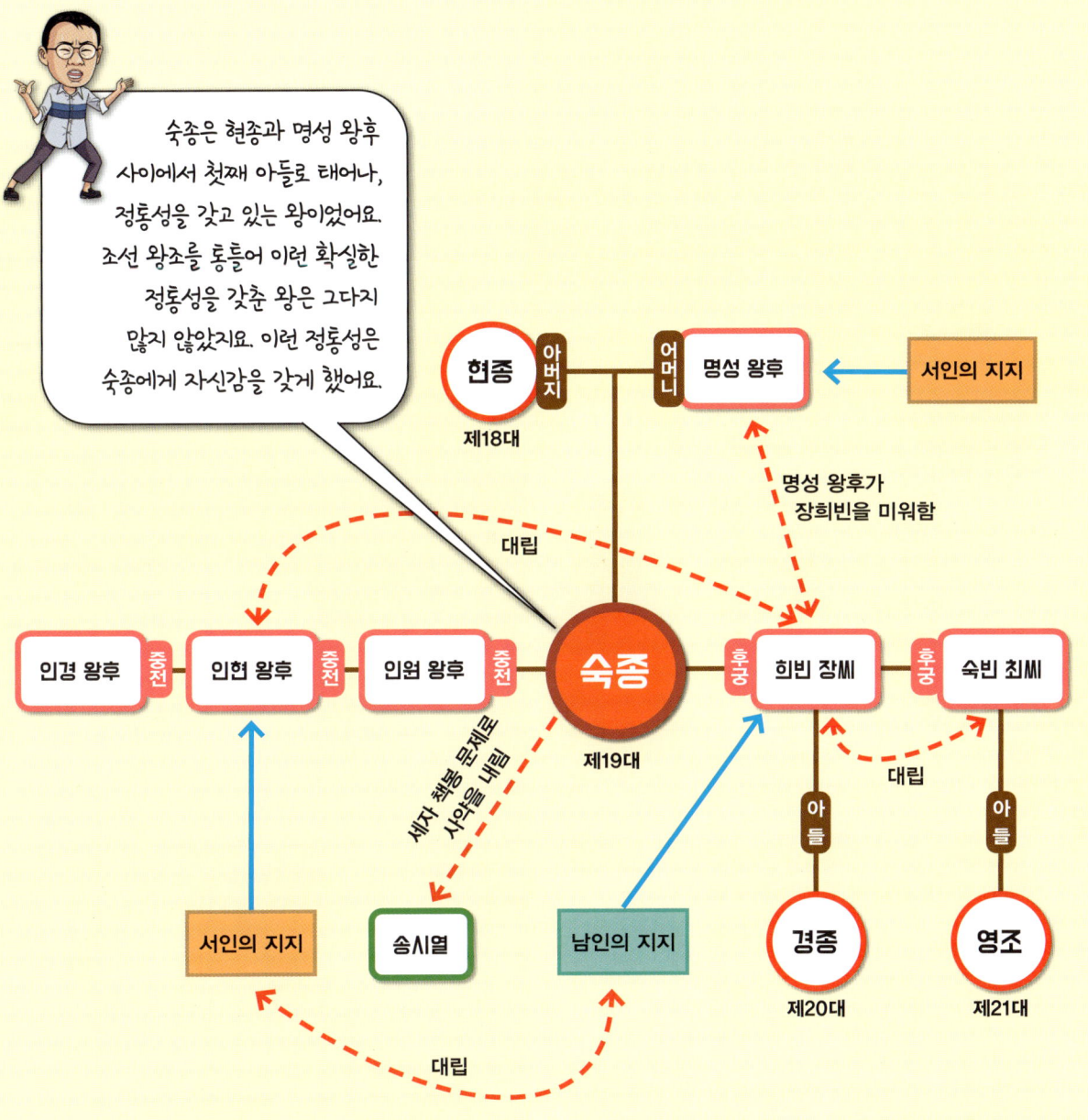

타임라인 뉴스

- **1694** 숙종과 어머니 숙빈 최씨 사이에서 태어나다
- **1721** 왕세제로 책봉되다
- **1724** 형인 경종의 뒤를 이어 제21대 임금으로 즉위하다
  서얼 200여 명이 차별 대우 금지를 요구하다
- **1725** 소론에 대한 보복을 놓고 노론이 분열하다
- **1728** 이인좌의 난이 일어나다
- **1729** 탕평책이 시작되다
- **1733** 박문수가 모든 당파를 고루 등용하는 탕평을 주장하다 
- **1735** 영빈 이씨가 사도 세자를 낳자 그날로 바로 원자로 책봉하다
- **1742** 채제공 등 남인을 관리로 삼다
- **1749** 사도 세자에게 대리청정을 시키다
- **1750** 균역법을 시행하다
- **1759** 정순 왕후가 영조의 두 번째 왕비로 간택되다
- **1762** 사도 세자를 뒤주에 가둬 죽이다
- **1775** 왕세손에게 대리청정을 명하다
- **1776** 조선 후기 개혁을 위해 앞장섰던 영조가 원릉에 묻히다

1 헤드라인 뉴스

붕당을 넘어 탕평으로

경종이 재위 4년 만에 후사 없이 죽자 마침내 영조가 왕위에 올랐습니다. 경종이 정치적 라이벌인 이복동생 영조를 죽이지 않은 것이 후대에 어떤 영향을 미칠 것인지 자못 궁금해집니다.

병약하고 아들이 없었던 경종은 노론의 말에 따라 영조를 세제로 삼았습니다.

김역사 기자

세제가 된 영조는 형 경종과 함께 나랏일을 맡아 보며 왕의 자질을 키워 나갔어요. 노론은 영조를 지지하고, 소론은 경종을 지지하는 붕당 간의 싸움 속에서 영조는 위기를 여러 번 맞았지만 경종은 동생이 무사히 왕위를 이어받을 수 있도록 해 주었어요.

그 후 경종은 밥상에 올라온 게장과 감을 먹은 뒤 건강이 더 나빠져 세상을 떠나고 맙니다. 게장과 감은 함께 먹으면 몸에 좋지 않은 음식이었거든요. 이때 비난의 화살은 정치적인 라이벌이었던 영조를 향합니다. 밥상에 게장과 감을 올린 사람이 영조이며, 자신이 왕위에 오르고 싶은 나머지 이복형을 죽였다는 거지요. 이 문제는 평생 영조를 따라다니며 괴롭혔어요.

어머니가 무수리인 약점이 있었던 영조는 당파 싸움으로 인한 혼란을 직접 겪었기 때문에 늘 철저하게 자기 관리를 했어요. 공부를 열심히 하고 왕의 힘을 키우기 위해 노력했지요. **경연**에서도 뛰어난 실력으로 신하들의 말문을 막히게 할 때가 많았어요. 왕의 힘이 강하고 왕이 똑똑해야만 붕당 사이의 균형을 잡을 수 있다는 사실을 깨달은 영조는 평생 공부를 게을리 하지 않았답니다.

영조는 숙종과 경종 대에 있었던 일들을 보며 붕당 정치의 잘못된 점을 바로잡아야 한다고 생각하고 탕평책을 실시했어요. 어느 당파에도 치우치지 않고 공정하게 하겠다는 것이 탕평책의 목표예요. 영조는 유학자들이 공부하는 기관인 성균관 앞에 탕평비라는 비석을 세웠지요. 이것은 붕당끼리의 싸움을 금지하고, 왕을 중심으로 나라를 훌륭하게 다스리겠다는 영조의 의지를 보여준 것이에요.

또 양쪽 붕당의 주요 신하들을 모아놓고 탕평책에 대해 의논하는 회의도 열었어요. 그때 영조는 신하들과 함께 **탕평채**라는 음식을 먹었다고 해요. 마치 이 음식처럼, 다양한 색깔을 가진 붕당이 서로 어울리기를

> **세제**
> 다음 왕 자리를 이을 왕의 동생을 뜻하는 말로, 왕세제라고도 해요.
>
> **경연**
> 임금이 신하들과 함께 유교의 경전을 이야기하고 토론하는 것
>
> **탕평채**
> 탕평채라는 음식 이름은 영조 대에 여러 당파가 잘 협력하자는 탕평책을 논하는 자리의 음식상에 처음으로 등장하였다는 데서 유래해요. 그릇에 하얀 청포묵이 얇고 가늘게 채썰려 담겨 있고 그 위에 여러 가지 색깔의 채소와 고기, 김, 달걀 지단을 올려 비벼 먹는 음식이에요.

◀ 탕평비(왼쪽)와 탕평채(오른쪽, ⓒFlickr, Junho Jung)

탕평파

영조·정조 대에 당파 사이의 정치적 균형을 맞추기 위해 추진한 탕평책을 적극 지지한 인물들

바라는 마음이었던 거지요.

하지만 여지껏 서로를 향해 날카로운 전쟁을 벌이던 붕당이 탕평책으로 쉽게 화해했을까요? 물론 그렇지 않아요. 그래도 노론과 소론의 균형을 맞추기 위한 영조의 노력은 계속 되었어요. 관직을 적절히 나누어 노론과 소론 모두 고르게 정치에 참여할 수 있도록 한 거지요. 또 자신의 탕평책을 지지하는 신하들을 우선적으로 뽑아 왕권을 튼튼히 하려고 했어요. 이런 신하들을 **탕평파**라고 하는데 탕평파 신하들이 많아지다 보면 점점 붕당의 힘이 약해질 거라고 생각했던 거지요.

그런데 소론과 노론 두 세력 다 탕평책에 불만을 가졌어요. 소론은 영조가 경종을 독살했다는 소문을 내고 다녔고, 노론은 자신들이 세운 왕이 푸대접을 한다며 탕평책을 따르지 않으려 했어요. 소론과 노론 가리지 않고 골고루 인재를 뽑아 탕평을 이루려고 노력했던 영조도 결국 지칠 수밖에 없었겠죠? 그래서 이후로는 왕의 말이라면 무조건 잘 듣는 신하들을 곁에 두게 되지요. 탕평파가 새로운 정치 세력으로 떠오르게 된 거예요.

또 사도 세자의 아내인 세자빈의 아버지 홍봉한을 비롯하여 외척이나 친척 관계에 있는 사람들과 더불어 정치를 하려 했어요. 하지만 이들도 자신의 목적에 따라 움직였기 때문에 아들 사도 세자가 뒤주에 갇혀 죽는 사건까지 생기고 말았어요.

그래도 영조의 노력 덕분에 붕당 간에 서로 목숨을 빼앗을 정도로 지나친 싸움은 과거에 비해 많이 줄어들었어요. 그 힘을 경제 발전과 문화 발전에 쏟을 수 있어서 영조 대에는 많은 발전을 이룰 수 있었답니다.

2 심층 취재

지금 군역으로 인한 백성의 분노가 하늘을 찌르고 있는 상황입니다. 군역을 내지 않기 위해 도망가는 백성이 있는가 하면, 이웃이 도망을 가면 이웃집 군역까지 대신 감당해야 한다고 합니다. 김역사 기자의 심층 취재, 지금 시작합니다.

조선 시대 상민들은 평소에는 주로 농사를 짓고, 농사일이 적은 겨울이면 군사 훈련을 받다가 전쟁이 벌어졌을 때는 군인이 되어 전쟁터에 나가 싸웠어요. 이렇게 백성이 군인의 역할까지 해야 하는 것을 군역이라고 해요. 군역은 16세 이상 60세까지의 양인 남자에게 부과되었어요.

그런데 평화의 시기가 계속되고 농사일이 바쁘다 보니 군역을 빠지려는 사람들이 늘어났어요. 사람을 사서 대신 군대에 보내거나, 돈이나 면포를 내고 군역을 피하는 비리가 판치게 되죠. 나라에서는 이러한 비리를 막을 도리가 없자 아예 이를 합법화합니다. 즉, 1년에 성인 남자당 2필의 옷감을 내면 군역을 대신할 수 있는 법을 만들었죠. 그런데 이 군역이 공납만큼이나 백성들을 힘들게 하는 나쁜 제도가 되어버렸어요. 농촌에 나가 직접 취재를 해 보았습니다.

조선은 기본적으로 농민이 군인의 역할도 하는 병농일치를 원칙으로 했어요.

김역사 기자

백성 이흥부 저한테 한 살짜리 아들 몫까지 내라고 하더라니까요. 돌아가신 아버님 몫도 걷어가려고 하고요. 갓 태어난 아이랑 죽은 사람이 왜 군사의 의무를 져야 합니까? 이게 말이 됩니까?

원래대로라면 16세 이상 60세 이하의 남자가 한 명뿐인 이흥부씨 집안에서는 2필의 옷감을 내면 됩니다. 그런데 실제로 이흥부 씨에게 요구된 세금은 자그마치 8필이나 되었습니다. 이흥부 씨에게 5세 아들과 갓 태어난 아들, 그리고 1년 전 돌아가신 아버지의 몫까지 내라는 겁니다.

옷감을 1필 짜려면 하루 종일 매달려도 거의 열흘은 걸릴 텐데……. 저와 같이 농사일에 매달려야 하는 아내가 언제 8필의 옷감을 짜겠습니까? 기자 양반, 이게 가능한 일이라고 생각하세요? 조선 같은 나라에서 백성으로 살아가기 싫어요. 저 백성 관두면 안 되나요?

　네, 백성들의 삶이 얼마나 힘든지 잘 들었습니다. 영조 역시 농촌에 특별한 임무를 지닌 신하들인 어사들을 파견해 백성들의 어려움에 대해 알아보는 중이라고 하죠. 결국 영조는 가난한 백성들의 군포 부담을 줄이기 위해 군역의 의무인 옷감 2필을 1필로 줄여 대대적으로 세금을 낮추겠다는 균역법을 발표합니다.

　그런데 문제는 세금을 반으로 줄였으니 그만큼 부족해진 국가 재정을 다른 곳에서 마련해야 한다는 것입니다. 영조는 나라의 예산을 줄이는

새로운 세금 목록

1. 땅을 가진 사람이라면 누구나 1결당 쌀 2두씩 내야 하는 세금으로 양반도 내야 합니다.
2. 양반도 아니면서 돈이 많다는 이유로 군역이나 세금을 몰래 내지 않았던 부자들도 세금을 내야 합니다. 선무군관이라는 벼슬을 주는 대신 1년에 면포 1필씩 냅니다. 즉, 벼슬을 줄 테니 세금을 내십시오.
3. 고기 잡는 사람, 소금 만드는 사람, 배를 가진 사람한테도 세금을 걷겠습니다. 이 경우 농민들의 세금 부담을 줄이는 대신, 어민들의 세금 부담이 커진다는 단점이 있습니다.

한편, 새로운 세금을 걷기로 정했습니다.

조선 건국 당시에는 노비를 제외한 모든 사람이 군역의 의무를 져야 했어요. 그러나 양반들은 균역법이 시행되었음에도 여전히 자신의 신분을 내세우며, 낮은 계급의 백성들과 같은 일을 할 수 없다는 이유를 들어 군역의 의무를 지지 않았죠.

양반들의 모습에 화가 난 박문수는 양반이나 서리, 관료, 유생을 가리지 않고 집집마다 똑같이 세금을 내야 진정한 균역법이라고 강하게 주장할 정도였어요. 그러나 끝까지 세금을 내지 않으려는 양반들의 저항에 부딪혀 결국 좌절되고 말았어요. 그나마 선무군관의 벼슬을 주고 얻는 세금을 통해 그동안 세금을 내지 않았던 부자들에게 약간의 세금을 걷을 수 있게 되었답니다.

3 헤드라인 뉴스

농촌에 부는 변화의 바람, 모내기법

여러분, 제가 서 있는 이곳에서 벌어지고 있는 일이 무엇인지 아십니까? 바로 모내기입니다. 작은 모판에 볍씨를 심어 싹을 틔운 후 논에다 옮겨 심는 방법인데요, 오늘은 모내기에 대해 자세히 알아보도록 하겠습니다.

모내기법은 '이앙법'이라는 이름으로도 불려요.

김역사 기자

모내기법은 씨앗을 바로 땅에 뿌리는 것이 아니라 모를 모판에 심어서 기르다가 어느 정도 크면 논으로 옮겨와 줄지어 심는 방법으로, 지금도 봄이면 농촌에서 볼 수 있어요. 이 방법으로 농사를 지으면 장점이 무척 많았어요. 일단 건강한 모만 논에 옮겨 심기 때문에 수확량이 훨씬 많아졌어요. 또한 심을 때 줄을 나란히 맞춰 심기 때문에 잡초를 뽑기가 쉬웠지요. 마지막으로 1년 동안 같은 땅에 쌀과 보리로 두 번 농사짓는 게 가능해졌답니다. 벼는 3월부터 씨를 뿌려야 하는데, 다 자란 보리를 수확하는 시기는 4월이라 모내기를 하지 않으면 1년에 농사를 두 번 짓는 것이 불가능했어요. 그런데 모내기법을 사용하면 보리를 수확하는 시기에 어린 모는 모판에서 자라고 있으니 보리 농사가 가능해진 거예요.

하지만 나라에서는 모내기법을 금지했어요. 벼를 옮겨 심을 때 논에

물이 충분하지 않을 경우 1년치 농사를 완전히 망칠 수 있었거든요. 봄철에 가뭄이 자주 드는 우리나라의 기후에서는 위험한 농사법일 수밖에 없었던 거죠.

▲ 「누숙경직도」

그러나 농민들이 저수지나 **보**를 만들어 가뭄에 대비하면서 모내기법은 전국으로 퍼져나갔어요. 모내기법으로 농업 생산력은 크게 향상되고, 한 사람의 농부가 예전보다 6배나 넓은 땅을 경작할 수 있게 되었지요. 그러자 부유해진 농민이 생겨났어요. 반면에 1인당 경작 면적이 늘어나 다른 사람에게 땅을 빌려주지 않고 혼자 농사를 지을 수 있게 되자, 땅을 빌릴 수 없게 된 대부분의 농민들은 상인이 되거나 도시로 가서 날품팔이 노동자가 되기도 했어요.

재배하는 농작물도 예전과는 달라졌지요. 이전까지는 그저 양식을 얻기 위한 벼농사만이 최고인 줄 알았는데, 인삼이나 담배, 채소, 목화 등 시장에 내다 팔 수 있는 것들이 인기 있는 작물이 되었어요. 농민들은 이러한 **상품 작물**을 장에 내다 팔아 부를 쌓기도 했어요.

모내기 덕분에 쌀 생산량도 늘고 상품 작물까지 재배하게 되면서 조선에서는 상업의 기운이 살아나기 시작했어요. 대동법 실시로 공인이 등장하면서 상업은 더욱 활기를 띠게 되었죠. 뿐만 아니라 수공업도 발달하면서 조선에서도 자연스럽게 자본주의적인 모습이 나타나게 되었답니다.

보
논과 밭에 물을 대기 위한 수리 시설의 하나로, 둑을 쌓아 흐르는 냇물을 막고, 그 물을 담아 두는 곳

상품 작물
시장에 내다 팔기 위해 재배하는 농작물

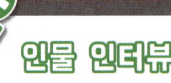 스페셜뉴스 인물 인터뷰

문물 제도 정비로 중흥기를 이끈 영조

영조가 왕위에 오른 후 조선 사회는 빠르게 안정되고 문화도 융성해졌다고 할 수 있습니다. 과연 영조는 어떤 정치 철학을 가지고 있으며, 인간적으로는 어떤 면모를 가지고 있는지 궁금하지 않으십니까? 여러분, 영조 임금님을 소개합니다. 먼저 궁에서의 생활을 여쭤 봐도 될까요?

나는 한평생 왕으로서 모범적인 삶을 살려고 노력했습니다. 백성들의 어려운 살림살이를 걱정하다보니 여러 번 양반들의 사치와 노름을 엄격하게 금지했지요. 먹을 양식도 부족한 상황에서 술을 빚어 마시는 사람이 없도록 온 나라에 금주령을 내리기도 했어요.

그리고 내 밥상에 올라오는 반찬의 가짓수를 줄일 정도로 검소한 생활을 했습니다. 누더기 이불을 덮거나, 얇고 거친 옷을 입는 건 당연하고요. 왕과 왕비가 타는 가마에 금칠을 못하게 하고 대신 주석으로 칠하게 했죠.

왕부터가 이렇게 스스로 절약하는 모습을 보이니 신하들 가운데는 일부러 무명 누더기 옷을 걸치고 오는 이들도 있었죠. 궁중 여인들에게는 사치스러운 가발을 쓰는 대신 간단히 족두리를 쓰도록 권했습니다.

백성의 입장에서 생각하려는, 백성을 사랑하시는 마음이 잘 느껴집니다. 백성들이 억울한 일을 당하지 않도록 항상 주의를 기울이셨다는 이야기도 들었습니다.

우선 죄를 지은 사람이 누군지 가려내고 벌을 주는 형벌 제도를 합리적으로 바꿔야 했지요. 무거운 돌을 무릎에 올려놓거나 쇠를 불에 달구어 죄인의 몸을 지지는 끔찍한 형벌을 없앴습니다.

또한 재판 없이 사람을 죽이지 못하도록 하고, 아무리 큰 죄를 지은 사람이라도 억울하게 죗값을 치르는 사람이 없도록 세 번의 재판을 하여

 영조 | 탕평책을 실시하라

죄를 결정하게 했지요.

양반들이 백성을 개인적으로 함부로 벌줄 수 없도록 보호하기도 했습니다. 하지만 관리들이 죄를 지었을 때는 가차 없이 처벌해 나라의 기강을 바로 세우고자 노력했답니다.

또한 백성들의 생활이 어떤지 조사하여 그들을 돕는 다양한 방법을 마련했어요. 각 지역에 암행어사를 파견하여 백성들의 피를 빨아먹는 나쁜 탐관오리들을 찾아내어 벌을 주었지요.

태종 때 만들어졌다가 연산군이 없앴던 신문고를 다시 설치한 이유도, 백성들이 억울한 사정이 있을 때 북을 쳐서 알릴 수 있도록 하기 위해서였죠. 그리고 또 한 가지, 가난한 백성들의 군포 부담을 줄여 주기 위해 백성이 내야 할 군포를 2필에서 1필로 줄여 주기도 했어요.

학문과 제도를 정비하기 위해 책도 많이 펴내셨다고 들었습니다.

나를 위해서, 또 백성을 위해서 나는 공부를 열심히 했습니다. 그러다 보니 다양한 책이 많이 필요하다는 것을 알게 되었고, 많은 책을 편찬할 수 있게끔 학자들을 다독였지요. 그래서 법전, 역사책, 군사 관련 서적 등 다방면의 책이 많이 나왔습니다.

특히 법전인 『속대전』은 조선 시대의 기본 법전인 『경국대전』 편찬 후 오랜 세월이 흐르면서 발생한 여러 가지 문제점과 지금의 시대상을 반영해 편찬한 것으로, 제2의 법전이라 할 수 있어요.

그리고 이전의 지도를 보완해서 전국의 모습을 살필 수 있는 지도를 만들게 한 것도 빠뜨리면 안 되겠습니다. 이러한 노력 덕분에 내가 통치하는 기간 동안 조선의 문화가 많이 발전한 것 아니겠습니까?

마지막으로 왕위에 있으신 동안 기억나는 부분에 대해 한 말씀 해 주시지요.

내가 다스리던 시대에는 실제로 생활에 필요한 학문을 연구하는 '실학자'들이 등장하여 문화를 더욱 빛냈습니다. 지구가 태양 주위를 돈다는 것을 주장한 홍대용, 우리 민족의 자부심을 드러내는 역사책 『동사강목』을 쓴 안정복 등이 대표적이지요. 이들 실학자들은 다음 왕인 정조 시기에도 크나큰 활약을 보여 주었다고 할 수 있겠습니다.

정말 조선을 살기 좋은 나라로 만들기 위해 많은 일을 하셨네요. 덕분에 백성들도 전보다 훨씬 살기 좋아졌지요. 영조 임금님의 노고에 감사드립니다. 그럼 이상으로 특별 대담을 마치겠습니다.

암행어사 박문수, 사실(史實)인가 설화인가?

암행어사 업무 일지

1. 임금님께 암행어사 임명장인 '봉서'를 받는다. 봉서는 그 자리에서 뜯어볼 수 없다.
2. 성문 밖으로 나가서 '봉서'를 펼쳐본다. 암행어사가 해야 하는 임무가 무엇인지, 암행 장소가 어디인지 파악한다. 봉서를 확인한 후에는 자신의 집에도 들릴 수 없다. 바로 암행 장소로 출동한다.
3. 가난한 선비의 옷을 입고 변장하여 마을 곳곳을 염탐한다. 놋쇠로 만든 자인 '유척'을 들고 다니며, 마을 관리들이 곤장이나 처형 도구의 크기, 쌀을 측량하는 기구의 크기를 속이지는 않았는지 검사한다. 수령이 백성들에게 과한 세금을 걷어 자신의 재산을 모으지는 않았는지 살핀다.
4. 암행어사의 신분을 들킬 경우, 의심을 받거나 미행을 당할 수도 있다. 기껏 신분을 밝혔더니 가짜 암행어사로 오해받는 경우도 있다. 심지어는 비리를 조사하는 일을 방해받거나 죽임을 당할 수도 있으니 조심하도록 한다.
5. 나쁜 수령과 관리가 백성들을 힘들게 하는 것이 확인되면, 그를 즉시 처벌하기 위해 자신의 신분을 밝히며 업무 수행 중임을 알린다. "암행어사 출두요~ 여봐라, 이자들을 당장 포승줄로 묶도록 하라!"

영조 | 탕평책을 실시하라

암행어사는 조선 시대 때 처음 생긴 특별한 직책으로, 왕의 명령을 받아 몰래 임무를 수행하는 일종의 비밀 요원입니다. 명종 대 이후 350년간 약 600명의 암행어사가 파견되어 고을 수령들의 비리를 고발하고 백성들의 억울한 일을 해결해 주었어요. 그래서인지 암행어사는 힘없고 가난한 백성들의 최후의 희망이자 영웅으로 여겨질 때가 많았죠. 김정희, 채제공, 정약용 같이 조선 후기의 유명한 사람들도 한때 암행어사 일을 해 본 적이 있어요.

그런데 실제 역사 속에서 박문수는 정작 암행어사로 파견된 적이 없었다는 사실을 알고 계시나요?

박문수는 소론 명문가 집안에서 태어나 총명한 어린 시절을 보냈습니다. 그러나 집안 어른들이 갑자기 돌아가시고 홀어머니가 어렵게 키웠죠. 어린 시절 가난을 경험했던 박문수는 백성의 삶을 누구보다 잘 이해하는 관리로 성장하게 되었지요. 나랏일을 할 때 당파를 뛰어넘어 판단하는 모습을 보고 영조는 박문수를 탕평책에 어울리는 인재로 생각하게 되었어요.

박문수는 영조의 신임을 얻어 영남 지역에 '암행어사'가 아닌 '어사'로 파견되었어요. 그곳에서 그가 본 것은 극심한 흉년에 시달리는 백성들의 모습이었어요. 가슴이 아픈 나머지 자신의 재산인 곡식을 내놓았지요. 이렇게 박문수의 전설이 시작됩니다. 이에 그치지 않고 박문수는 궁궐 대신들에게도 곡식을 내놓기를 청했습니다. 그러다가 영조는 박문수의 보고로 백성들의 처참한 상황을 뼈저리게 느끼게 되었고, 결국 모든 관리들의 월급을 줄여 백성들을 구제하는 데 사용했어요.

백성을 위하는 박문수의 여러 조치는 가난한 백성들의 환영을 받았고, 이때의 경험으로 실제로 많은 암행어사가 있었음에도 백성들의 마음 속에 박문수라는 이름이 각인된 것이 아닐까 합니다. 그리고 후대로 오면서 암행어사는 박문수라는 등식이 성립된 것은 아닐까요?

고종훈의 한국사 브리핑

인물 핵심 분석 ▶ 영조

QR 코드를 찍으면 고종훈 선생님의 강의를 볼 수 있어요.

시대 ▶ 1694년~1776년
재위 기간 ▶ 1724년~1776년
국가 운영 스타일 ▶ 백성을 위한 정치를 위해 나부터 모범을 보인다.
콤플렉스 ▶ 어머니 이야기는 하지 마!
연관 검색어 ▶ 탕평책, 실학, 사도 세자, 뒤주
역사적 중요도 ▶ ★★★★☆
시험 출제 빈도 ▶ 중요

탕평책을 실시해 인재를 고루 등용하였어요.

노론의 전폭적인 지지 아래 왕이 되었지만 붕당의 폐해를 느낀 영조는 왕이 된 후 탕평책을 실시하였습니다. **영조는 노론과 소론의 온건파를 중심으로 각 붕당의 인물들을 고르게 등용하였어요.** 이러한 영조의 노력으로 조선 사회는 안정을 찾았지요.

균역법을 실시했어요.

관리들의 비리 때문에 죽은 사람이나 도망친 이웃의 군역까지 책임져야 했습니다. 이것 때문에 백성들의 삶이 힘들었어요. 그래서 **영조는 성인 1명당 1년에 군포를 2필에서 1필로 줄이는 균역법을 실시해 백성들의 삶을 안정시켰어요.**

농업과 상업의 발달로 경제가 성장했어요.

영조 때 모내기법으로 쌀 생산량이 증가하였습니다. 생산량 증가는 상업의 발달을 가져오게 하였지요. 자연스럽게 조선 사회에서도 자본주의의 모습이 나타나기 시작했어요.

인물 관계 분석

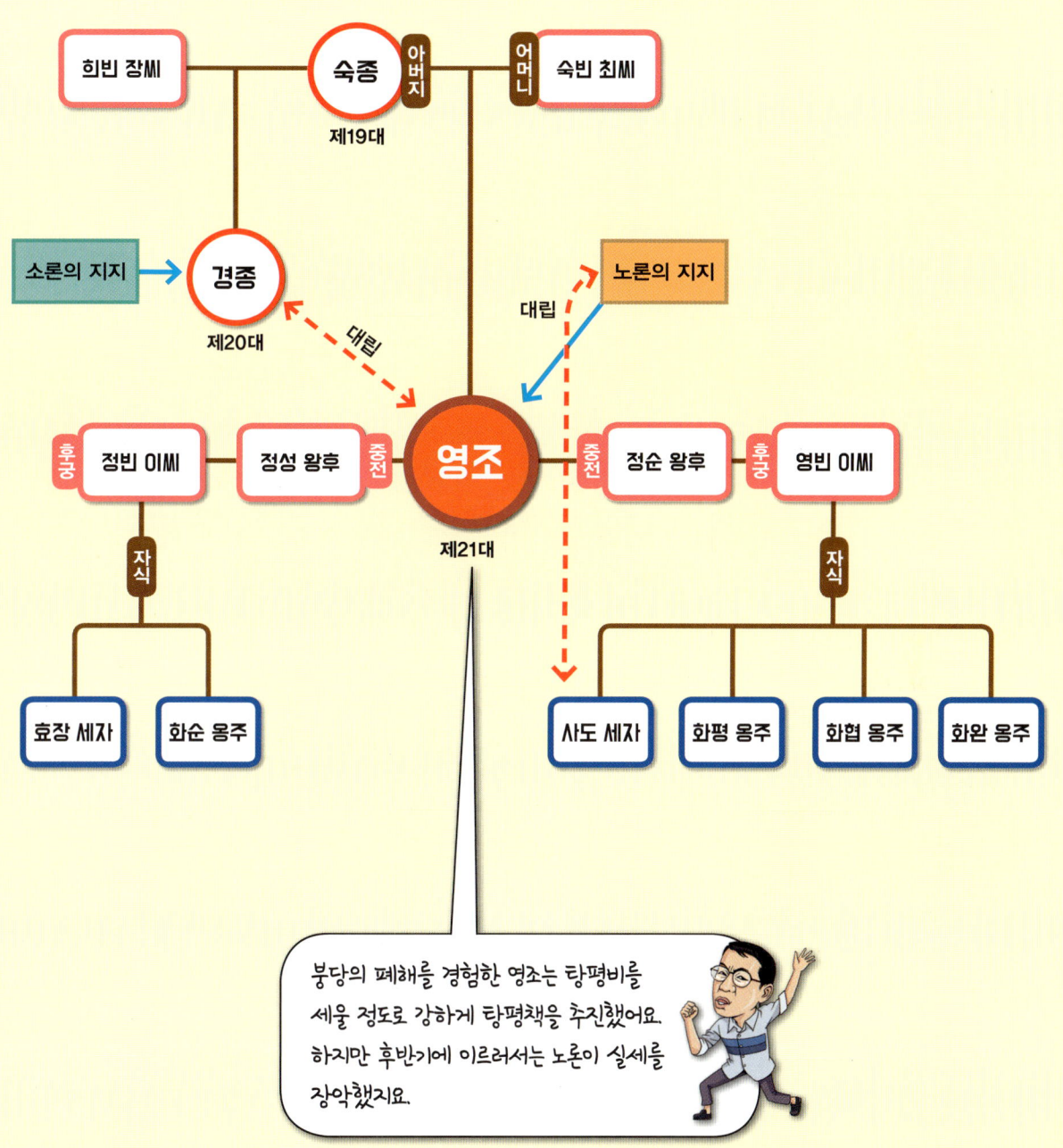

1 헤드라인 뉴스

멀어진 부자 사이

당당한 체구에 위엄까지 갖춘 사도 세자가 영조를 대신해 업무를 보고 있습니다. 그런데 자꾸만 아버지의 눈치를 보고 있는 것 같습니다. 과연 사도 세자는 아버지를 대신해 어떤 정치를 펼칠까요?

영조는 처음 얻은 아들 효장 세자를 10년 만에 병으로 잃었습니다. 그러다 7년 뒤 영조의 나이 42세에 비로소 아들을 얻었지요. 영조의 기쁨은 말할 수 없을 정도로 컸을 거예요. 사도 세자는 어렸을 때부터 몸집도 크고 잘생겼으며 영특해 영조의 자랑거리였어요. 생후 6개월에 영조의 부름에 답했으며, 돌 무렵에 사치스러운 비단옷 대신 검소한 무명옷을 입어야 한다고 말했다고 하니 자랑할 만하죠?

영조는 세자가 두 살일 때부터 이름 높은 학자를 모셔와 선생으로 삼았고, 세 살 때는 『효경』을 읽고 글을 쓰게 했어요. 글 읽는 소리가 크고 맑을 뿐 아니라 올바르게 이해하고 있다는 칭찬이 이어졌지요. 그러나 나이가 들며 차츰 문제가 발생했어요.

커가면서 사도 세자는 공부보다는 무예에 더 관심이 많았어요. 특히

사도 세자는 영조가 아주 늦은 나이에 얻은 귀한 아들이었습니다.

김역사 기자

반달 모양의 칼인 언월도를 수준급으로 다루었다고 해요. 당연히 유학 경전보다는 **병법책** 읽기를 즐겨했죠. 외적에 대비하고 국제 정세를 살피는 데 마음을 쓰던 세자는 24세에 『무예신보』라는 책을 쓰기도 했어요.

하지만 영조는 그런 사도 세자가 못마땅했어요. 틈만 나면 당파 싸움을 하는 늙은 신하들과 나랏일을 할 때 그들에게 휘둘리지 않으려면 왕은 끊임없는 공부를 통해 균형을 잡아야 한다고 믿었죠. 그래서 세자가 무예보다는 공부를 더 열심히 하길 바랐던 거예요. 사도 세자에 대한 영조의 큰 기대와 사랑은 점점 실망으로 바뀌게 되었어요.

사도 세자가 15세가 되자 영조는 일부러 사도 세자에게 **대리청정**을 시켜요. 본격적인 후계자 교육을 시키기 위해서였죠. 처음에 대리청정에 임하는 세자는 당당하면서도 위엄이 있었어요. 그 모습을 본 노론 신하들은 긴장했지요. 노론의 힘으로 왕이 되어 노론의 눈치를 볼 수밖에

병법책
군사를 지휘하여 전쟁하는 방법에 관해 쓴 책

대리청정
왕이 병이 들거나 나이가 들어 정사를 제대로 돌볼 수 없게 되었을 때에 세자나 세제가 왕 대신 정사를 돌보는 것

122 사도 세자 | 탕평의 희생양

없었던 영조와 달리, 세자는 어느 붕당에도 치우치지 않고 정치를 할 수 있는 모습으로 비쳤던 거예요.

하지만 시간이 갈수록 대리청정은 사도 세자에게 큰 짐이 되었어요. 잘하면 잘하는 대로 신하들을 긴장시켰고, 못하면 못해서 비난을 받아야 하니까요. 그래도 신하들과의 갈등이 표면적으로 드러나지는 않았어요. 오히려 대리청정으로 갈등이 깊어진 건 아버지와 아들 사이였어요. 영조는 세자가 잘하는 걸 칭찬하기보다는 잘못한 걸 크게 혼내곤 했죠. 신하들 요구를 들어주면 들어준다고 꾸짖고, 들어주지 않으면 신하들의 말을 왜 안 듣냐고 꾸짖으니 세자는 점점 아버지를 대하는 것이 어렵고 두려워지기 시작했어요. 궁궐 마당에 멍석을 깔고 아버지께 눈물로 사죄하길 수차례, 결국 세자는 마음의 병에 걸리고 말았어요.

세자는 아버지를 만날 생각만 하면 불안하고 가슴이 두근거렸어요. 아버지를 만나기 위해 필요한 옷을 갖춰 입는 것조차 힘들어 할 만큼 병은 깊어만 갔어요. 병을 핑계로 1년 가까이 아버지께 문안을 가지 않을 정도였어요. 궁을 탈출하여 놀다 들어오고, 칼을 휘둘러 내시나 궁녀를 죽이는 등 그 행동은 점점 심각해졌지요.

결국 세자의 불량한 행동을 고발하는 상소문이 올라오고, 모든 사실을 알게 된 영조는 분노하게 됩니다. 상소문을 읽고서야 사도 세자의 생활 모습을 알 수 있을 정도로 부자 사이가 멀어졌던 거죠. 아들인 사도 세자 대신 영조의 마음을 차지한 사람은 바로 손자(정조)였지요. 어쩌면 영조는 마음의 병을 앓는 아들보다 정신이 온전하고 똑똑하기까지 한 손자가 왕위를 잇는 게 낫다고 생각한 것인지도 몰라요.

2 심층 취재

생방송한국사

죽음으로 내몰린 사도 세자

이곳 궁 안은 지금 쥐 죽은 듯이 고요합니다. 마당에는 뒤주만이 놓여 있고, 아버지 영조와 아들 사도 세자 간에 팽팽한 긴장감만이 돌고 있습니다. 과연 영조는 저 뒤주를 무엇에 쓰려는 것일까요?

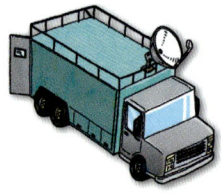

언제부턴가 영조는 행차 때에도 항상 아들 대신 정조를 데리고 다녔습니다.

김역사 기자

사도 세자는 자신의 아들인 세손을 향한 영조의 사랑을 이미 알고 있었어요. 그토록 받고 싶었던 아버지의 사랑을 자신의 아들이 받는 상황이었으니 얼마나 씁쓸했겠어요?

사도 세자의 병이 나을 **기미**를 보이지 않자 궁궐 내에서 사도 세자의 존재가 골칫덩어리가 되어버렸어요. 그 무렵 영조가 결단을 내려야만 하는 사건이 벌어지지요. 사도 세자의 친어머니인 영빈 이씨가 영조를 찾아온 것입니다. 이씨는 사도 세자가 동궁전에서 칼을 들고 영조를 위협하는 말을 했다고 전했습니다. 너무나 위험한 행동이었기에 어미인 자신이 나서지 않을 수 없었다고 말한 거예요.

만에 하나라도 사도 세자가 정말 칼을 들고 아버지를 향해 간다면 이것은 왕을 죽이려는 행동으로, 역적으로까지 몰릴 수 있는 상황이었거든요. 그렇게 되면 손자까지 역적의 자식으로 몰려 목숨을 지키기 어려워질 거라고 판단한 거죠. 결국 영조는 사도 세자에게 스스로 목숨을 끊으라는 명령을 내립니다. 신하들의 만류로 영조는 그 명령을 거두어들였지만 이번에는 뒤주를 가져오게 하고 그 안에 가두라 명하지요.

기미
어떤 일을 알아 차릴 수 있는 눈치

11세였던 정조가 할아버지에게 달려와 아버지를 살려 달라고 빌었지만 소용이 없었습니다. 누군가 세자를 죽일 수도, 세자가 스스로 죽을 수도 없으니 그냥 굶어 죽도록 내버려 둔 거예요. 무더운 여름철에 사도 세자는 꼬박 8일을 갇혀 있었어요. 결국 세자는 뒤주 안에서 눈을 감았지요.

세자가 죽은 후 영조는 곧바로 아들의 죽음을 애도한다는 뜻으로 '사도'라는 이름을 내려 줍니다. 그리고 아버지의 죽음으로 세손이 피해를 입지 않도록 모든 방법을 다 동원해 보호해 주지요. 어쩌면 영조는 아버지와 아들이라는 하늘이 이어준 관계보다도 왕으로서 조선의 다음 역사를 더 중요하게 생각했을지도 모릅니다. 강력한 왕권을 세손인 정조에게 무사히 넘겨주기 위해서 말이죠.

10세에 세자빈이 되어 남편인 사도 세자를 의지하며 살았던 세자빈 홍씨의 마음은 어땠을까요? 아버지의 죽음을 두 눈으로 보아야만 했던 세손 시절의 정조는 또 어떤 마음이었을까요?

 스페셜뉴스 문학계 소식

사도 세자의 그날을 기록한 눈물의 일기, 『한중록』

김문화 기자

오늘 인터뷰의 주인공은 사도 세자의 부인인 혜경궁 홍씨입니다. 혜경궁 홍씨가 직접 집필한 『한중록』이 출간되었다고 하는데요, 출간 기념으로 혜경궁 홍씨를 직접 모시고 궁에서의 삶과 책 소식에 대해 함께 이야기 나눠보도록 하겠습니다. 우선 책을 집필하신 목적부터 여쭤볼까요?

"실록에 나오지 않는 이야기도 많더군요."

"제가 옆에서 보고 겪은 일들입니다."

혜경궁 홍씨

시아버지인 영조 임금님의 손에 남편을 떠나보내고, 아들이 왕의 자리에 오르자 가문 사람들이 역적으로 몰려 죽게 된 제 인생에 대해 이야기하고 싶어서 이 책을 썼습니다.

세자빈으로 궁궐에 들어오자마자 영조와 사도 세자의 갈등으로 불안한 나날을 보내야 했다죠?

시아버지는 남편을 지나치게 꾸짖었고, 남편은 시아버지를 지나치게 무서워했죠. 마음의 병을 얻은 남편이 가엾을 때도 있었지만, 어떤 행동을 할지 몰라 두려울 때가 더 많았던 것 같아요. 저는 그때의 일을 『한중록』에 상세하게 기록해 두었답니다.

 사도 세자 | 탕평의 희생양

시아버지 영조의 주도로 사도 세자가 죽게 되었을 때 무슨 생각이 드셨나요?

그때 전 아들인 정조를 지켜야 한다는 생각뿐이었어요. 남편을 죽인 시아버지에 대한 원망스런 마음은 꼭꼭 감춰둔 채 "저희 모자가 목숨을 지킨 것은 다 아바마마의 은혜이옵니다."라고 말했더니 기뻐하시며 제가 궁에서 계속 살 수 있도록 해 주셨어요.

마침내 1776년 아들 정조가 왕위에 오르게 되죠. 효자 아들을 두어 참으로 다행이라는 생각이 드셨을 것 같아요.

제 아들 정조는 정말 효자입니다. 저는 종종 몸에 종기가 나서 아플 때가 있는데, 스스로 의서를 집필할 정도로 의학에 조예가 깊은 아들이 의원들 대신 손수 약을 발라 주고 치료를 해 주곤 했답니다.

집필하신 『한중록』 책에는 어떤 내용이 적혀 있나요?

사실 『조선왕조실록』에는 제 남편의 죽음에 관해서는 자세히 언급이 되어 있지 않습니다. 제가 기록한 이 『한중록』이 없었다면 아마 후대 사람들은 제 남편이 어떻게 죽었는지 잘 몰랐을 거예요.

저는 이 책에서 누구의 잘못을 따지려고 했던 것은 아닙니다. 그저 그 상황을 옆에서 직접 보고 들은 사람으로서 차분히 적어 놓고 싶었을 뿐이에요. 어떤 사람들은 시아버지인 영조가 당파 싸움에 휘둘려 아들을 죽인 사건이라고 하지요. 물론 노론에 의해 왕이 되었기 때문에 노론을 지지할 수밖에 없는 시아버지 영조와, 당파와는 거리가 멀었고 정치적으로는 소론에 가까웠던 남편 사이에서 노론이 이간질한 측면도 있습니다.

하지만 아버지 앞에만 앉으면 말을 더듬고, 급기야는 기절까지 할 정도로 남편의 병이 깊었던 것 또한 사실이에요. 순간 이성을 잃을 때에는 저를 향해 바둑판을 던져 눈이 빠지게 아팠던 적도 있었지요. 저는 이런 내용을 책에 실어 후대에 전하고 싶었을 뿐입니다.

이상 『한중록』의 저자인 혜경궁 홍씨를 만나본 〈문화계 소식〉을 마칩니다.

고종훈의 한국사 브리핑

인물 핵심 분석 ▶ 사도 세자

QR 코드를 찍으면 고종훈 선생님의 강의를 볼 수 있어요.

시대 ▶ 1735년~1762년
취미 ▶ 말타기, 활쏘기, 병법서 읽기
요즘 드는 생각 ▶ 정치도 아버지도 다 지치는구나…
가장 하기 싫은 것 ▶ 대리청정
가장 두려운 것 ▶ 아버지, 뒤주
마지막으로 하고 싶은 말 ▶ 아버지께 칭찬받고 싶다.
역사적 중요도 ▶ ★★☆☆☆
시험 출제 빈도 ▶ 보통

사도 세자는 영조가 매우 아끼는 아들이었어요.

늦은 나이에 사도 세자를 얻은 영조는 사도 세자가 공부를 잘해 정치적으로 뛰어난 임금이 되기를 바랐습니다. 그러나 사도 세자는 무예에 더 큰 재능을 보였어요. 영조는 그것을 못마땅하게 여겼어요.

사도 세자는 붕당 정치의 희생양이었어요.

사도 세자의 대리청정으로 노론은 긴장하게 되었습니다. **노론은 자신들을 위해 사도 세자의 반대편에 서서 사도 세자를 공격하였지요. 또한 영조와 사도 세자 사이를 이간질하였어요.** 이것으로 사도 세자의 정신병적 증세가 나타나기 시작했어요.

사도 세자는 아버지에 의해 비참한 죽음을 맞았어요.

사도 세자가 이상한 행동들을 하자 영조는 사도 세자에게 자결할 것을 명해요. **결국 아버지 영조에 의해 사도 세자는 뒤주에 갇혀 죽고 말아요.** 영조는 사도 세자의 아들인 정조를 세손으로 삼아 왕위를 잇게 하였습니다.

1 헤드라인 뉴스

'우리의 것'을 알자!

새해를 맞아 백성들의 생각을 알아보기 위해 거리로 나섰습니다. 몇몇 백성에게 지금의 정치권에 대해 물어봤는데요, 어떤 반응일지 자못 궁금합니다. 스튜디오에 있는 김역사 기자 나와주시죠.

김역사 기자

> 숙종 때 장희빈의 몰락과 함께 정치권에서 물러나게 된 남인들은 시골로 내려와 살았습니다.

남인과 라이벌 관계였던 서인이 경종 대를 거치며 노론과 소론으로 갈라졌어요. 영조 이후부터는 노론이 정치권을 장악했지요. 남인들은 벼슬길에 오를 생각을 접고, 학문에만 몰두하게 되었어요.

정치권에서 멀어진 남인 학자들은 성리학에만 매달리지 않고 조선 밖 세상의 변화에도 관심을 기울였고, 백성의 삶이 달라져야 한다고 생각하기 시작했어요. 그래서 딱딱하고 예의범절만 중요시하던 전통 유학에서 벗어나, 백성들의 삶에 실제로 적용하고 도움을 줄 수 있는 새로운 유학인 실학을 연구하게 됩니다. 이런 고민을 하던 사람들을 실학자라고 하지요.

그들 중 대표적인 학자가 바로 이익이에요. 이익은 시골로 내려와 살며 직접 농사를 지어봄으로써 백성들의 삶에 무엇이 필요한지 고민하게

안정복 | 우리의 것을 바로 알자

되었지요. 이익은 농사를 직접 짓는 농민들에게 땅이 주어지지 않는 제도를 비판하였고, 양반과 지주들도 세금을 내야 한다고 주장하기에 이르렀어요. 이익의 이런 생각은 당시로서는 획기적인 것이었지요. 생각이 깨어 있는 젊은이들은 이익의 주장에 **매료**되어 점점 이익 주변에 모여들기 시작했어요. 세상은 빠른 속도로 변화하는 중인데, 기존에 있던 조선의 학문은 제자리걸음만 하고 있으니 답답하게 느껴질 수밖에 없었거든요.

매료
사람의 마음을 완전히 사로잡아 홀리게 하는 것

학풍
학문에서의 태도나 경향을 뜻하는 말

실학자들은 중국 문화만을 소중하게 여기던 성리학자들과는 달랐어요. '우리 것'에 주목하기 시작한 거예요. 우리 것이란 무엇일까요? 맞아요. 우리 역사, 우리 땅, 우리말, 우리 고유의 풍습 등이에요. 성리학자들은 중국의 것이 최고라 생각하며 우리의 것을 무시했지만, 실학자들은 이제 본격적으로 우리의 것을 공부하고 연구하기 시작했어요. 이러한 **학풍**을 국학이라고 해요.

안정복은 이익의 제자들 중 한 사람이었어요. 안정복 또한 우리의 것을 바로 알자고 주장하는 국학의 사상을 중요하게 여겼지요. 그중에서도 조선만의 고유하고 독특한 역사를 알 필요가 있고, 또 널리 알려야 한다고 생각했어요. 그런데 그의 눈에는 기존에 나와 있는 역사책들이 어딘가 부족하게만 느껴졌어요. 정말 중요하고 제대로 된 역사적인 내용을 강조해야 하는데 번잡하고 쓸데없는 말만 많이 들어가 있다거나, 명확한 자료와 사실에 근거를 두고 써야 하는데 신화나 지어낸 이야기들이 들어가 있다거나 하는 식이었지요. 그래서 그는 자신이 직접 역사책을 쓰기로 결심했답니다.

2 심층 취재

생방송 한국사

안정복, 우리 역사를 만천하에 알리다

우리 역사에 대해 얼마나 알고 계십니까? 아마 자신 있게 대답하실 분이 많지 않을 것 같은데요, 안정복 선생이 이를 위해 우리 역사책을 출간하셨다고 합니다. 역사학계를 뒤집어 놓은 안정복 선생을 심층 취재해 보았습니다.

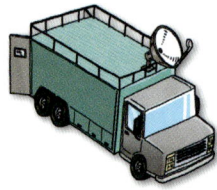

> 안정복은 입에서 입으로 전해오는 역사나 중국 중심의 역사 서술을 넘어서는 우리만의 역사를 정리하기로 마음먹었어요.

김역사 기자

안정복은 역사책을 쓰기 위해 철저하게 자료 조사를 했지요. 우리나라 역사와 조금이라도 관련 있는 책은 다 읽고 참고했어요. 이름난 역사책인 『삼국사기』, 『삼국유사』, 『고려사』와 같은 중요한 역사책뿐 아니라, 가문의 족보나 묘지에 적힌 기록, 중국과 일본의 기록들까지 다 뒤져서 공부한 거예요.

또한 지금까지 조선 역사에 있었던 주요 사건이나 인물에 대한 평가가 맞는지를 확인하기 위해 스승인 이익과 편지를 주고받기도 했어요. 조금이라도 의심이 드는 점이나 잘못된 점을 제대로 알고 바로잡기 위해서였어요. 이때 스승의 답변은 책에 반영되었답니다.

안정복의 노력은 결실을 맺어 『동사강목』이라는 역사책이 탄생했어요. 20여 년에 걸쳐 쓴 **역작**이었지요. 다른 역사책들과 구별되는 독특한

안정복 | 우리의 것을 바로 알자

『동사강목』의 특징을 한번 알아보실까요?

> 1. 단군이 세운 고조선이 진정한 우리 역사의 시작이라고 생각했어요. 중국의 한족이 세운 위만 조선이나, **한군현**을 제외했지요. 중국의 영향에서 벗어나려는 노력이 느껴집니다.
> 2. 가야, 부여, 발해처럼 기존에 잘 다뤄지지 않았던 나라나, 주변 작은 나라들도 책에 포함시켜 왕의 계보를 완성했습니다.
> 3. 을지문덕이나 강감찬처럼 외세의 침략을 멋지게 막아 낸 명장들의 업적을 기리고 있어요.
> 4. 각 시대마다 국방 문제를 소홀히 하지 않았는지, 백성들의 삶을 어떻게 나아지게 했는지 관심 있게 지켜보았습니다.

역작
온 힘을 기울여 작품을 만듦. 또는 그 작품을 역작이라고 해요.

한군현
기원전 108년에 중국 전한의 무제가 위만 조선을 멸망시키고 그 땅에 설치한 낙랑·임둔·진번·현도의 4군과 많은 현을 말해요. 뒤에 고구려에 합쳐지게 돼요.

안정복 외에도 우리의 것을 연구한 훌륭한 학자들이 있어요. 유득공이 쓴 『발해고』는 처음으로 발해를 우리 역사로 기록한 책이지요. 신라가 삼국을 통일하고 남쪽에 자리 잡았을 때, 북쪽에는 고구려의 유민들이 세운 발해가 있었는데, 이 시대를 '남북국 시대'라고 불러야 한다고 말하기도 했어요. 유득공의 주장 덕분에 역사학자들은 우리 민족의 활동 무대를 한반도로만 한정하지 않고 만주 지역까지 넓혀 연구를 할 수 있었답니다.

이중환이 쓴 『택리지』는 우리나라 각 지역의 지리적 환경에 따른 문화와 풍속, 생활 방식 등을 조사한 책이에요. 한글을 연구한 사람들도 있었어요. 『훈민정음운해』를 쓴 신경준, 『언문지』를 쓴 유희가 대표적이에요.

우리 땅을 그대로 재현한 『대동여지도』

김역사 기자

문화계를 뒤흔든 책이 한 권 출간되어서 화제가 되고 있습니다. 바로 김정호 씨가 만든 지도책, 『대동여지도』입니다. 줄인 비율만큼 늘려서 계산하면 정확한 실제 거리도 알 수 있고, 길이나 하천 등도 아주 자세히 표현되어 있다고 하는데요, 우리 실생활에 정말 편리하게 이용될 것 같습니다. 문화 전문 기자인 김문화 기자가 자세한 소식 전합니다.

김문화 기자

이 지도책을 완성한 김정호는 실학에 관심이 많았던 중인이나 잔반(세력이 보잘것없어진 양반) 출신의 가난한 선비였을 것으로 보입니다. 김정호의 친구이자 지원자였던 실학자 최한기는 "친구 김정호는 어렸을 때부터 한가할 때마다 지도를 만드는 모든 방법을 자세히 살피며 오랫동안 자료를 찾아왔습니다."라고 말하고 있습니다.

김정호는 어려운 가정 형편상 조선의 전 국토를 답사할 수는 없었습니다. 그 대신 기존에 있던 모든 지도와 지리서를 연구하고 그 장점을 모으는 방법을 택했죠. 조선은 이미 지도 만드는 기술이 상당히 발전한 나라인 데다가 30년에 걸친 김정호의 노력이 더해져 『대동여지도』가 완성된 것입니다.

그전까지 지도는 국가적인 차원으로 만들어질 때가 많았지요. 백성들을 편하게 다

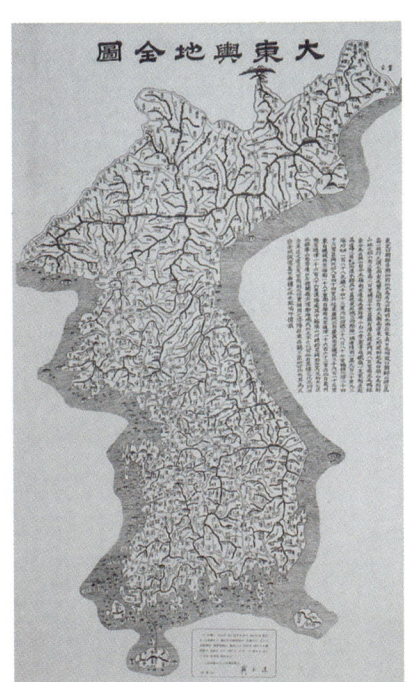

▲ 『대동여지도』를 축소한 대동여지전도

안정복 | 우리의 것을 바로 알자

스리거나 전쟁에 사용하기 위한 정치·군사적 목적에서 만들었거든요. 하지만 실학자들은 실용적인 목적으로 지도를 만들었어요. 이동할 때 편리하게 사용하기 위해 정확한 축척을 사용했고, 현대의 지도처럼 기호를 이용해 중요한 지형이나 도시들을 표시했어요. 그래서 특히 이동하며 장사를 해야 했던 상인들이 많이 사용했답니다.

그럼 『대동여지도』의 특징을 좀 더 자세히 알아볼까요?

1. 가지고 다니기 편리한 지도! 22첩으로 되어있으며 전부 펼쳐놓으면 가로 3.8m, 세로 6.7m 크기의 거대한 지도인데요, 차곡차곡 접으면 한 권의 책이 됩니다.
2. 최신 기술로 만들어진 오늘날의 지도와 거의 일치할 만큼 정확한 지도! 10리마다 눈금 표식을 두어 가고자 하는 목적지까지의 거리와 일정을 예상할 수 있습니다.
3. 목판으로 만들어 계속 인쇄가 가능해 대량 보급이 가능한 지도!
4. 우리나라 최초로 22개의 기호를 사용한 지도!
5. 산과 도로, 물길, 교통로의 구별이 확실한 지도!

『대동여지도』를 완성한 김정호는 그 후 『대동지지』라는 지리책도 썼어요. 지도와 지리책이 서로를 보완해야 한다고 생각했던 거예요. 지도로 땅의 모양을 살피고, 지리책으로는 자연과 역사, 경제, 제도 등 그 지역의 정보를 확인할 수 있어요.

한 권의 지도는 단순히 길을 안내해 주는 것뿐만 아니라, 당시의 생활상을 알려 주는 훌륭한 정보지 역할을 하지요. 동양의 지도들 중 가장 정확하고 우수할 뿐 아니라, 크고 아름다운 지도라는 평을 듣는 『대동여지도』! 우리의 것을 자랑스럽게 여기는 국학의 정신이 느껴지시나요?

고종훈의 한국사 브리핑

인물 핵심 분석 ▶ 안정복

QR 코드를 찍으면 고종훈 선생님의 강의를 볼 수 있어요.

시대 ▶ 1712년~1791년
별명 ▶ 국학자, 애국보이, 신토불이 남
좌우명 ▶ 우리 역사를 바로 아는 것이 가장 중요하다.
취미 ▶ 역사서 읽고 사실 확인하기
연관검색어 ▶ 역사, 국학, 이익, 동사강목
역사적 중요도 ▶ ★★☆☆☆
시험 출제 빈도 ▶ 보통

서민 의식이 크게 성장하였어요.

경제가 발달하면서 서민들도 교육을 받을 기회가 많아져 **서민 의식이 크게 성장하였습니다.** 그 덕분에 자연스레 **서민들이 우리 문화에 대해 관심을 갖게 되었어요.**

실생활에 도움이 되는 실학이 발달하였어요.

일부 학자들은 지배층이 공부하는 성리학이 실생활에 도움이 되지 않는다는 것을 알게 되었습니다. **실생활에 직접적인 도움이 되는 학문의 필요성이 커지면서 실학이 등장하게 되었어요.** 백성들의 삶에 도움이 되고자 했던 거지요.

우리 것에 대한 국학이 발달하였어요.

우리의 것, 즉 우리 역사, 우리 국토, 우리말 등에 대한 관심이 커졌습니다. 안정복은 『동사강목』을 저술해 우리 역사를 밝혔습니다. 이외에도 유득공은 역사, 이중환과 김정호는 지리, 신경준과 유희는 우리말을 연구하였지요.

국학과 실학

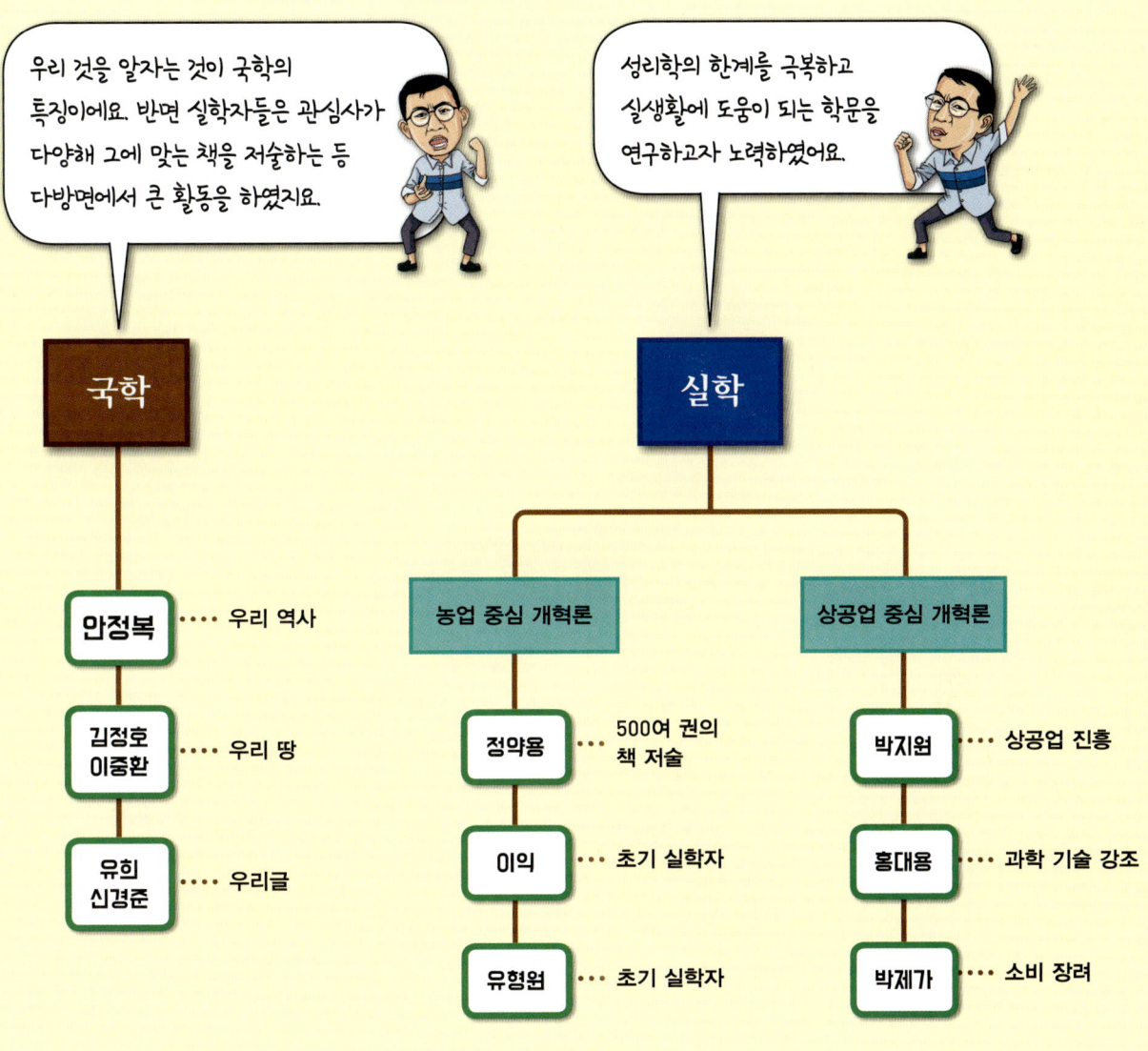

타임라인 뉴스

1752 ● 사도 세자와 혜경궁 홍씨 사이에서 태어나다

1762 ● 아버지가 뒤주에 갇혀 죽다

1775 ● 영조에 의해 대리청정을 시작하다

1776 ● 제22대 임금에 즉위하다
창덕궁 후원에 규장각을 건설하다

1777 ● 두 차례에 걸쳐 궁에 괴한이 침입해 목숨이 위태로워지다

1779 ● 막강한 권력을 휘두르던 홍국영을 쫓아내다

1781 ● 문신 재교육 프로그램인 초계문신제를 실시하다

1782 ● 탕평책에 따라 인재를 선발하다
강화도에 외규장각을 설치하다

1783 ● 성균관에서 다산 정약용을 처음 만나다

1785 ● 왕권 강화를 위해 장용영을 설치하다

1791 ● 시전 상인의 특권인 금난전권을 폐지하다

1792 ● 정약용에게 화성을 쌓을 것을 지시하다

1795 ● 수원 화성에서 어머니 혜경궁 홍씨의 환갑잔치를 열다

1800 ● 조선의 문화 부흥을 위해 애쓰다
건릉에 묻히다

1 심층 취재

치밀한 전략가 정조의 탕평책

정조가 신하들을 향해 왕이 되어 첫 인사를 하고 있습니다. 과거 붕당 정치의 폐해로 아버지를 잃은 아픔을 간직한 정조는 앞으로 어떤 정치를 해 나갈까요? 김역사 기자가 심층 취재하였습니다.

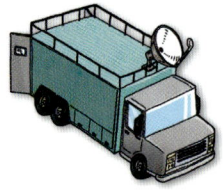

> 정조가 아버지 사도 세자의 죽음을 봤을 때 그는 고작 11세의 어린 세손이었습니다.

김역사 기자

영조는 비록 아들을 죽인 비정한 아버지였지만, 손자 사랑은 남달랐지요. 이제 영조 주변에는 사도 세자의 죽음에 찬성했던 노론 세력들만이 남게 되었어요. 그런 상태에서 왕위에 앉은 정조는 아버지를 죽게 한 것으로도 모자라 호시탐탐 자신이 왕이 되는 것을 방해하는 신하들을 다스리기 위해 어떤 정치를 펼칠지 많은 생각을 했을 거예요.

왕이 되어 수많은 노론 신하들 앞에서 정조가 처음으로 한 말은 "**과인은 사도 세자의 아들이다.**"였어요. 이 말을 들은 노론 세력들은 아버지의 복수를 하려는 것인가 하고 긴장할 수밖에 없었어요. 노론 세력들도 왕과의 무서운 전쟁을 준비합니다.

정조가 왕이 된 지 1년이 지난 어느 날, 정조의 침실에 **자객**들이 침입한 흔적이 발견됩니다. 왕의 침실에 자객이라니 궁궐이 그렇게 허술

한 곳이냐고요? 절대 아니죠. 조선이라는 나라는 대단한 나라였어요. 500년을 이어온 왕조가 그리 흔한 것은 아니랍니다. 또 오랜 세월에 걸쳐 다듬은 안정적인 왕 호위 집단이 있음에도 불구하고 자객이 궁궐까지 들어왔다는 것은 궁에서 일하는 사람들 중 왕을 죽이려는 세력과 손을 잡은 이들이 있었다는 이야기인 거예요. 이후 7번이나 계속된 암살 시도에도 정조는 흔들리지 않았어요. 복수심에 사리판단을 그르칠 수도 있었을 텐데 확실한 범인들을 찾아내 딱 필요한 만큼만 처벌을 하지요.

정조의 더 큰 고민은 조정 깊숙이 뿌리박고 있는 노론 세력이었어요. 단순한 복수심만으로 그들을 제거하면 당파 싸움이 다시 발생할 수도 있을 테니까요. 복수의 정치가 아닌 바른 정치를 하기 위해 가장 필요한 건 정조 자신의 편이 되어줄 신하들이었어요. 정조를 위한 충신들이 있어야만 왕권을 강화시켜 노론 세력에 휘둘리지 않을 거라 생각한 거죠.

정조는 사도 세자의 처벌을 반대하고 정조에게 충성을 바쳐 일해 온 채제공을 우의정으로 임명해요. 또 규장각이라고 하는 왕실 도서관을 세워 그곳에서 자신의 정책을 뒷받침해 줄 똑똑한 신하들을 키웠지요. 그리고 자신을 보호할 무신들을 양성해, 장용영이라는 호위 군대를 만들었어요.

또한 영조가 추진했던 탕평책을 물려받아 이어 나가되, 자신만의 새로운 방식으로 발전시켰습니다. 강력한 왕권을 바탕으로 당파를 가리지 않고 고루 인재를 뽑는다는 점은 영조의 탕평과 유사하지만 결정적으로 다른 점이 있답니다. 정조는 붕당 간의 수적인 균형은 무시하고, 그 자리에 가장 적합한 사람이 누구인가를 생각해 관리로 뽑았어요. 이제 관리

과인
덕이 적은 사람이라는 뜻으로, 왕이 자기를 낮추어 일컫는 말

자객
사람을 몰래 죽이는 일을 전문으로 하는 사람

시파, 벽파
사도 세자의 죽음에 대한 입장 차이에 따라 나뉜 붕당이에요. 시파는 시대와 타협한다고 해서 '시파(時派)'라고 불렸고, 벽파는 원칙과 당론에 치우친다고 해서 '치우칠 벽' 자를 써서 '벽파(僻派)'라고 불렀어요.

사직, 복직
사직은 맡은 직무를 내놓고 물러나는 것을 말하고, 복직은 물러났던 관직이나 직업에 다시 종사하는 것을 뜻하는 말이에요.

가 되기 위해서는 붕당이 중요한 것이 아니라 개인의 사람됨과 능력이 중요하게 된 거죠.

사도 세자가 죽은 후 노론은 또 **시파**와 **벽파**로 나뉘었어요. 노론 벽파는 사도 세자의 죽음이 나라를 위해 어쩔 수 없는 당연한 결과라고 보았고, 시파는 사도 세자의 죽음을 안타까워하는 무리들이었어요. 당연히 노론 벽파는 사도 세자의 아들인 정조를 인정하지 않았지요. 그래도 정조는 탕평책을 주장하며 과감하게 노론 벽파에서도 관리를 뽑아 큰 일을 맡기기도 했어요.

심지어 정조는 노론 벽파의 우두머리라 할 수 있는 심환지에게 비밀 편지들을 보내기도 했어요.

"마음에 안 드는 노론 신하 아무개를 제거하려고 하는데, 같은 당인 자네가 반대하는 시늉을 해라. 그럼 내가 자네를 **사직**시키는 척을 했다가 나중에 **복직**시켜 주겠다."

이런 편지를 주고받은 줄은 꿈에도 모르고 궁궐 내 신하들은 정조와 심환지의 사이가 나쁘다고만 생각했겠죠? 이렇게 정조는 정치판을 자신에게 유리한 쪽으로 이끌어 나가기 위해 반대파와도 손을 잡았던 치밀한 전략가였어요.

한편, 정조는 자신이 왕위에 무사히 오를 수 있도록 반대 세력의 방해로부터 자신을 지켜 준 신하 홍국영을 내세워 노론 세력을 제거합니다.

정조가 왕권을 강화하기 위해 몰락시킨 사람 중에는 정조의 어머니 혜경궁 홍씨의 작은아버지인 홍인한까지 있었어요. 노론의 중심이었던 홍인한은 사도 세자를 죽이는 데 앞장섰을 뿐 아니라 세손 시절 정조를

모함하였고 정조가 왕위에 오르는 것도 반대하더니 결국 사약을 받아 죽고 말았어요.

정조는 **측근**의 행동에도 옳고 그름을 분명하게 따졌어요. 정조가 왕이 된 후 승승장구하던 홍국영은 정조의 믿음을 디딤돌로 삼아 자신의 여동생을 정조의 후궁으로 들이는 등 무리한 시도를 하다가 정조의 눈 밖에 나게 됩니다. 결국 그는 고향으로 돌아가 쓸쓸한 죽음을 맞이하게 되지요.

정조는 끊임없는 노력으로 노론 벽파 세력을 억누르고 자신만의 정치를 펼칠 기반을 만드는 데 어느 정도 성공했지요. 반대하는 사람들이나 다치는 사람들을 최소화하고, 서로의 목적을 효과적으로 이룬 현명한 왕이었답니다.

측근
곁의 가까운 곳, 또는 곁에서 가까이 모시는 사람

2 인물 초대석

생방송한국사

개혁의 상징, 수원 화성

최근 수원에 화성을 건설하고 어머니 환갑 잔치를 그곳에서 치른 분을 알고 계십니까? 연일 화제가 되고 있는 분이죠. 정조 임금님을 모시고 이야기 나눠보겠습니다. 화성을 건설하신 이유는 무엇인가요?

정조

무엇보다 아버지의 억울함을 풀고 명예를 회복시켜드리고 싶었어요. 처음 왕위에 올랐을 때는 아버지의 이름을 꺼내는 것조차 어려운 상황이었지만, 오랫동안 노력한 끝에 나도 정치적 힘이 강해져 이젠 눈치를 볼 필요가 없어졌거든요. 나는 할바마마가 지은 이름인 사도 세자를 장헌 세자로 높혀 불렀어요. 또 수원으로 아버지의 묘를 옮기고 그곳을 현륭원이라 했죠.

물론 수원이 아버지의 무덤을 옮길 수 있을 정도의 명당이기도 했지만, 노론 세력으로 들끓는 조정을 잠시 떠나고 싶기도 했어요. 어마마마와 함께 아버지를 뵈러 갈 때가 가장 뿌듯했지요. 나는 아시다시피 일생 동안 어마마마와 돌아가신 아버지에 대한 효를 굉장히 중요하게 생각했답니다.

정조 | 조선 왕조의 부흥

 **그렇군요. 그럼 화성을 건설한 것은 정조 임금님만의 특별한 의도가 있지 않았을까 싶은데요, 좀 더 구체적으로 설명 부탁드립니다.**

 나는 한양을 벗어나 새로운 도시 수원 화성에서 새로운 정치를 펴고 싶었어요. 그래서 화성을 방문할 때마다 특별 과거 시험을 봐서 문신을 뽑고, 왕을 보호하는 부대인 장용영을 화성에서 훈련시켰어요. 그 덕에 자연스럽게 왕권을 강화할 수 있었지요. 또 화성 주변에서 장사하는 상인들이 자유롭게 물건을 사고팔 수 있도록 허락하여 상공업을 발전시키는 데 도움이 되도록 했어요.

군사적인 의미도 있습니다. 화성에 가 보면 아시겠지만 적을 물리치고 방어하는 성의 기능도 완벽하게 갖추고 있거든요. 병사들이 주변을 감시하기 위해 항상 머무는 곳에는 온돌을 설치할 정도로 신경 써서 지었어요. 한마디로 상업과 군사의 중심지로서의 기능을 하도록 건설했습니다.

화성을 건설할 때 최신 공사 기술을 동원해 정밀하게 성을 건설할 수 있었다던데요?

 사실 화성을 건설하는 데 큰돈이 들고, 백성들이 오랜 시간 공사일에 매달려야 하는 게 걱정이 되더라고요. 그래서 똑똑한 신하인 정약용에게 화성의 설계를 담당하게 하고 비용과 시간을 줄일 수 있는 기구를 생각해 보라고 지시했어요. 또 규장각의 신하들에게는 조선뿐 아니라 중국, 서양의 성까지 참고하여 연구하게 했지요. 그 결과 재료를 최대한 아끼고 노동력을 절감할 수 있었으며, 공사 기간도 단축할 수 있었던 거예요. 그 어마어마한 성을 단 2년 9개월 만에 완

성했다는 게 믿기십니까?

 조정 대신들이 공사에 필요한 백성을 강제로 뽑아서 무료로 일 시킬 것을 건의하기도 했지만 농사짓기도 바쁜 백성에게 두 배로 고통을 주는 것은 왕으로서 차마 못하겠더라고요. 그래서 품삯을 주고 농민들을 고용했지요. 일꾼들은 전국에서 모여들었고, 농사지을 땅조차 없던 농민들에게는 그래도 도움이 되었다고 알고 있어요.

일을 한 사람에게 임금을 준다니 조선 시대에서는 보기 드문 획기적인 생각이 아닐 수 없네요! 신하들에게 화성 공사 보고서를 제출하라고 하신 이유는 뭔가요?

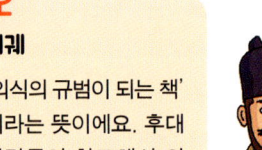

의궤
'의식의 규범이 되는 책'이라는 뜻이에요. 후대 사람들이 참고해서 의식이나 행사를 잘 치를 수 있도록 한 것이지요.

격쟁
억울한 사연이 있는 백성들이 징이나 꽹과리를 울려 임금에게 호소하는 것을 '격쟁'이라고 해요.

 공사 보고서인 『화성성역의궤』를 제출하라고 한 건 훗날 전쟁으로 성이 무너지더라도 이 책만 있으면 손쉽게 복원할 수 있기 때문이에요. 화성에 행차하는 모습 역시 정밀한 그림으로 남겼으니 관심 있는 분들은 한 번 찾아서 보세요.

화성 행차 길에 '격쟁'을 허용하셨다는 이야기가 유명합니다. 재위 24년 동안 70회 정도 행차를 하셔서 총 4천 건 정도의 접수를 받았다지요?

 그래요. 행차를 갈 때마다 왕인 나를 보겠다고 구경 나온 백성들이 온 산과 들을 가득 메웠어요. 얼마나 고맙던지요. 그러니 내가 어찌 백성의 고통에 대해 관심을 갖지 않을 수 있겠어요. 사회 기강을 위협한다면서 많은 신하들이 반대했지만, 백성들은 내 자식이나 다름없으니 백성의 고통은 내가 덜어줘야 한다고 생각해요. 백성이

겪는 억울한 경험의 대부분은 관아의 부당한 처사였던 만큼 혹시나 내가 일을 늦게 처리하여 백성이 불이익을 당하지 않도록, 궁에 돌아오자마자 접수된 격쟁을 3일 이내에 처리하도록 신하들에게 명령했지요.

행차를 할 때 백성들로 하여금 고개를 숙이지 말라고 한다거나, 호위 무사를 지나치게 배치하지 않도록 해 편안하게 다가간 모습이 정말 인상적이었습니다. 마지막으로 하늘에 계신 아버지를 향해 영상 편지를 보내는 것이 어떨까요?

아버지, 소자 이산이옵니다. 소자가 어렸을 때 할바마마 영조 임금님의 엄한 명령 때문에 아버지의 죽음을 막지 못한 것이 내내 원통하였사온데, 이제야 그 억울함을 풀어드릴 수 있게 된 것 같아 기쁘옵니다. 어마마마(혜경궁 홍씨)의 환갑잔치 역시 부족함 없이 치러드렸사옵니다. 강한 임금이 되어 신하들을 잘 이끌테니 하늘에서나마 두 눈을 편히 감으소서.

아버지를 향한 정조의 효심에 아마 많은 분들이 깊이 감동받으셨을 것 같습니다. 화성 건설과 더불어 앞으로 정조께서도 하시고자 하는 개혁 정치가 무사히 잘 이뤄지시길 바랍니다. 시청자 게시판에 의견을 올려주신 여러분들께는 추첨을 통해 정조께서 추운 겨울날 화성 건설 현장에서 백성들에게 나눠주신 털모자를 보내드리겠습니다.

스페셜뉴스 — 현장 브리핑

정조 개혁 정치의 대표 공간, 규장각 나들이

규장각은 얼핏 보면 책을 보관하는 왕실 도서관처럼 보입니다. 하지만 비서실인 승정원보다 높은 지위를 지니고 있을 뿐 아니라, 왕께 정책 조언을 하는 모든 회의가 이곳에서 열립니다. 정조 임금님께서 유능하고 똑똑한 신하들을 뽑아 마음껏 학문을 연구할 수 있도록 마련한 기구이기도 하죠. 규장각 생활만 5년째라는 나규장 씨를 만나봤습니다.

먼저 어떻게 규장각에서 일하게 되셨는지 궁금합니다.
특별한 비법이 있었던 것은 아닙니다. 규장각에 들어오기 위해서는 과거 시험에 합격하는 것도 중요하지만, 백성의 삶을 살펴 정책에 반영하고 싶어 하는 전하의 뜻을 헤아릴 줄 알아야 한다는 게 더 중요해요. 전하께서는 왕이 곧 신하들의 스승이라 여기셨어요. 학자들보다도 지식을 높이 쌓은 분이셨어요. 질문에 제대로 대답을 하지 못할 경우 불호령이 떨어지곤 했기 때문에 우리 규장각의 신하들은 항상 공부하고 언제나 긴장하며 살아야 해요.

그래도 전하께서는 아무리 관직이 높은 신하라도 함부로 이곳에 들어오지 못하게 해 주셔서 우리들이 외부의 간섭을 받지 않고 학문에만 전념할 수 있도록 배려해 주신답니다. 그만큼 학문하는 사람들을 사랑해 주셨다는 증거라고 생각합니다.

규장각의 신하들은 정조의 다양한 개혁 정책을 백성의 삶에 실현 가능하도록 설계하고 연구하는 역할을 담당하고 있는 걸로 알고 있습니다. 그렇다면 정조 임금님의 대표적인 정책에는 어떤 것이 있는지 설명 부탁드립니다.
첫째, 신분과 당파에 관계없이 젊고 능력 있는

148 정조 | 조선 왕조의 부흥

인재들을 규장각에 불러들이셨어요. 특히 그동안 첩의 자식이라고 신분 차별을 받았던 서얼 출신 인재들이 관직에 진출할 수 있는 길을 열어 주었지요. 저와 같이 규장각에서 일하는 박제가, 유득공, 이덕무 등이 모두 서얼 출신들이에요.

둘째, 과거에 합격한 사람 가운데 37세가 넘지 않은 젊은 인재를 뽑아 규장각에서 3년 정도 특별 교육을 하는 초계문신 제도를 실시하셨지요. 이들은 한 달에 한 번씩은 전하의 강의를 듣고 시험을 치렀고 성적에 따라 상을 받기도 하고 벌을 받기도 해요. 전하께서 스승이 되어 초계문신들을 직접 교육하시는 거죠.

셋째, 나라의 관청에 속해 있던 공노비 제도를 없애기 위한 기초를 닦은 것을 들 수 있어요. 그 결과 전하의 아들인 순조 임금님 때 공노비 제도가 없어졌답니다.

넷째, 암행어사를 보내 지방 수령들을 단속했어요. 수령의 부정이 적발되면 절대로 용서하지 않았고, 제대로 일하지 않는 암행어사 역시 처벌했지요.

정말 백성을 사랑하는 정조 임금님의 마음이 느껴지는 정책들이군요. 가까이 계시면서 알게 된 정조 임금님의 또 다른 특징은 없습니까?

책을 무척 좋아하셨어요. 그야말로 지독한 책벌레였죠. 그래서 전하께서는 규장각을 통해 다양한 분야의 책을 출판하도록 장려하셨어요. 그렇다고 해서 전하를 나약한 왕으로 생각하시면 안 돼요. 무예에도 관심이 많아 활쏘기에도 무척 능하셨거든요.

늦은 시간까지 책을 보던 분이라 1년에 한 번씩 안경을 바꾸셨는데도 불구하고 활만 쏘았다 하면 거의 백발백중이었어요. 그런 전하를 보며 신하들은 도대체 못하는 게 뭔지 궁금해질 정도였답니다.

정조 임금님은 정말 문무를 모두 갖춘 임금님이셨군요. 이상 정조 임금님의 개혁 정치를 대표하는 공간이었던 규장각에 대해 알아보았습니다.

그럼 다음 시간에 더 재미있는 주제로 다시 찾아오겠습니다.

 스페셜뉴스 취재 수첩

누구나 장사를 할 수 있다!

농업이 경제의 기본이었던 조선은 물건을 사고파는 상업을 농업에 비해 많이 천시했어요. 그렇지만 나라에 필요한 물건을 대는 상인들인 시전 상인은 필요했지요. 시전 상인 중 특히 비단, 명주, 무명, 모시, 종이, 어물 등 중요한 물건 여섯 품목을 파는 상인을 육의전이라고 했어요.

나라에서는 시전 상인에게 금난전권이라는 특권도 주었어요. 허가를 받지 않은 개인이 장사를 하는 '난전'을 금하는 권한이었죠. 나라에서는 농민들이 농사를 안 짓고 상인이 되는 것을 싫어했기 때문에 그런 규제가 있어야 한다고 생각했어요.

문제는 육의전을 비롯한 시전 상인들이 귀한 물건을 독차지하여 판매하며 엄청난 이익을 챙겼다는 거예요. 시전 상인이 멋대로 물건 가격을 올리면 도성 전체의 물건 가격도 덩달아 오르곤 했어요. 이들은 나라에 바칠 물건을 독점하는 것에 만족하지 않고, 공납(지역 특산물)을 대신 구해 주며 높은 이득을 취하는 '방납'에 참여하기도 했어요.

조선 후기에는 모내기법의 보급 등으로 농업 생산력이 늘어나고, 내다 팔기 위한 농작물인 상품 작물도 재배하기 시작했어요. 또한 대동법의 실시로 수공업 생산이 활발해지면서 상품의 유통이 활성화되었지요. 세금이나 소작료를 화폐로 납부하면서 상품 화폐 경제가 발달했고, 농촌에서 도시로 인구가 모여들면서 상업 활동도 활발해졌어요. 이젠 농사만 짓는 것이 아니라 물건을 사고팔며 교환하는 것을 당연하게 여기게 되었어요.

이에 따라 사람들은 더 많은 시장을 원하게 되었어요. 나라 곳곳에 자연스럽게 난전이 생겨나기도 했지요. 하지만 시전 상인의 금난전권은

 150 정조 | 조선 왕조의 부흥

계속되어 백성의 불편함은 이만저만이 아니었어요.

집에서 먹다 남은 농산물이나, 수공업으로 만든 면직물을 팔아서 조금이라도 풀칠을 해보려고 했던 난전 상인들은 억울하기만 했어요. 또 난전에 비해 몇 배나 비싸게 시전에서 물건을 사야 하는 사람들도 억울하기는 매한가지였던 거예요.

백성의 생활에 늘 관심을 기울이던 정조도 진작부터 시전 상인들에게 특권을 몰아주는 낡은 제도인 금난전권을 없애버리려 했어요. 금난전권을 폐지하는 일은 노론의 심한 반대 때문에 영조도 하지 못했던 일이었지요. 정조가 금난전권 문제로 고민하자 정조의 든든한 오른팔이자 영의정이었던 채제공이 해결사로 나섰어요. 개혁을 건의했지요.

결국 1791년 정조는 신해통공이라는 개혁 정책을 발표합니다. 육의전을 제외한 시전의 금난전권을 없애고 원하는 사람은 누구나 자유로운 상업 활동을 할 수 있도록 한 거예요.

친절한 왕이었던 정조는 신해통공의 내용을 한글로도 써서 모두가 볼 수 있는 저잣거리, 성문 등에 붙이게 했지요. 신해통공으로 시장이 전국적으로 들어서고, 상인들은 더욱 활발한 활동을 하게 되었으며 조선의 상업은 더욱 활기를 띠어 갑니다. 이제 조선은 농업만이 아니라 상업도 중요한 나라로 한 단계 성장한 거죠. 이 모든 게 정조의 과감한 개혁 정치 덕분이랍니다.

스페셜뉴스 인물 포커스

조선의 여성 사회 활동가, 김만덕

김역사 기자

오늘 저는 멀리 제주도에 와 있습니다. 제가 이곳에 온 이유는 제주도에서 큰 활약을 보여 준 여성 사회 활동가 김만덕 씨에 대해 알아보기 위해서입니다. 김만덕 씨는 제주도에 큰 가뭄이 들어 사람들이 죽어갈 때 개인 재산을 털어 먹을 것을 나누어 주었다고 합니다. 자, 김만덕, 그녀는 누구일까요? 함께 만나보시죠.

김만덕은 가난한 집에 태어나 어린 나이에 부모를 다 잃고 힘들게 살아야 했어요.

부모를 잃은 김만덕은 기생의 수양딸이 되어야 했어요. 기생으로서 노래와 춤을 익힌 김만덕은 제주도에서 이름 높은 기생으로 한동안 살았어요.

원래 천민이 아니었던 김만덕은 기생 생활을 접고 장사를 하기 시작했어요. 장사에서도 능력을 발휘해 제주도에서는 육지의 물건을 들여와 팔고, 육지 상인들에게는 제주도의 물건을 팔아 큰돈을 벌게 되었어요.

제주도에 계속 자연재해가 발생하면서 제주 백성들은 먹을거리가 없어 굶주리게 되었고, 결국 수많은 사람들이 굶어 죽는 일이 벌어지고 말았어요. 이를 안 정조는 급히 쌀을 배에 실어 보냈지만 제주도로 가는 도중에 풍랑을 만나 침몰하는 바람에 제주도의 상황은 말이 아니게 되었죠.

장사로 돈을 번 김만덕은 죽어가는 제주도 백성을 위해 고생해서 번 자신의 모든 재산을 기꺼이 내놓았어요. 그 돈으로 육지에서 쌀을 사와 굶주려 죽어 가는 사람들에게 나누어 주었죠.

김만덕의 선행을 들은 정조가 소원을 하나 들어주겠다고 하자 김만덕은 제주를 벗어나 왕이 계시는 궁궐과 금강산에 가 보고 싶다고 했어요. 당시에는 섬에 사는 여인들은 육지로 나갈 수 없다는 법이 있었지만 정조는 특별히 허락해 주었어요.

여성의 활동이 자유롭지 않고 많은 차별을 받았던 조선 시대. 김만덕은 여성임에도 불구하고 많은 고난을 뚫고 상인으로서 성공했어요. 그리고 어려운 사람들을 도우며 사회 활동가로도 활약을 했지요. 이런 김만덕의 선행을 알게 된 정조는 영의정 채제공에게 그녀의 선행을 기록한 책 「만덕전」을 지으라 명할 정도로 칭찬을 아끼지 않았어요. 김만덕은 당당히 『조선왕조실록』에도 이름을 올려 시대의 제약을 뛰어넘은 여인이라고 할 수 있습니다.

 고종훈의 한국사 브리핑

인물 핵심 분석 ▶ 정조

QR 코드를 찍으면 고종훈 선생님의 강의를 볼 수 있어요.

시대 ▶ 1752년~1800년
재위 기간 ▶ 1776년~1800년
별명 ▶ 정조느님, 규장각 전하, 효자 임금
좌우명 ▶ 개혁을 이루어 조선을 잘 운영하자.
국가 운영 스타일 ▶ 복수보다는 바른 정치를!
연관검색어 ▶ 영조, 사도 세자, 탕평책, 암살, 규장각
역사적 중요도 ▶ ★★★★★
시험 출제 빈도 ▶ 중요

인재 위주의 탕평책을 실시했어요.

정조는 할아버지의 뜻을 이어 탕평책을 실시했어요. 기존의 탕평책과는 조금 다르게 **능력이 있는 사람이라면 붕당을 가리지 않고 우선적으로 관리로 채용했습니다.** 인재 위주의 탕평책을 실시한 것이지요.

수원 화성을 건설했어요.

정조는 **수원에 화성을 건설하여 군사와 상업의 중심지로 활용하려 하였어요.** 화성은 중국과 서양의 기술까지 연구하여 지은 성입니다. 정조는 백성들에게 임금이 화성으로 갈 때를 알려 백성들과 소통하고자 하였어요.

규장각을 활발하게 운영했어요.

정조는 능력 있는 서얼을 규장각 관리로 채용하였습니다. 규장각 신하들은 정조와 정책 토론을 하고 새로운 정책을 제시하기도 하였지요.

인물 관계 분석

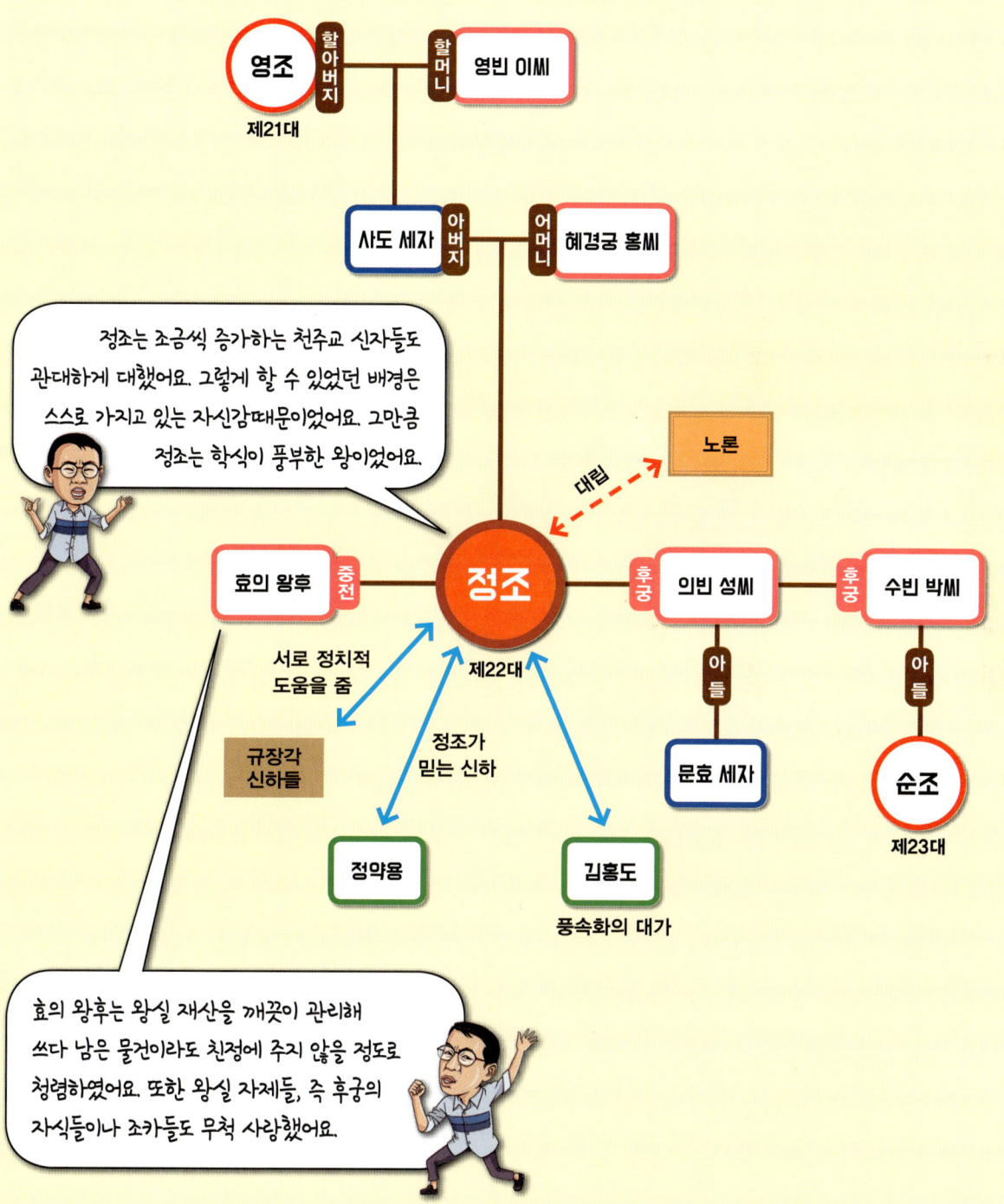

1 심층 취재

'팔방미인'은 여러 가지 방면으로 못 하는 게 없는 사람을 일컫는 말인데요, 유교뿐 아니라 과학, 의학, 경제 등 실제 생활과 관련된 학문에도 뛰어난 정약용 씨를 두고 하는 말 같습니다. 오늘은 정약용 씨를 취재해 보겠습니다.

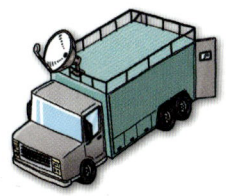

정조가 왕의 자리에 오르면서 노론 일색인 조정의 상황이 달라지지요. 정조는 자신의 뜻을 받쳐 줄 신하들을 키우기 위해, 노론 세력이 아닌 남인 세력 중 능력 있는 사람들을 관리로 뽑기 시작한 거예요.

세자를 책봉한 기념으로 과거 시험이 열렸던 날이었어요. 정조는 비슷비슷한 답안지들 사이에서 뛰어난 답안지를 발견하고 흐뭇해했지요. 바로 22세에 과거에 응시한 정약용의 답안지였어요. 천재 왕이 천재 신하를 알아본 셈이에요. 이후 정약용은 문과 시험에 급제했고, 그 후 관리가 되어서 규장각에서 일했지요.

정조와 정약용은 함께 화성 건설 계획을 세웠어요. 정조는 특별히 정약용에게 화성 설계를 맡겼지요. 이것만 봐도 정약용이 얼마나 다방면으로 재주가 많았는지 알 수 있겠지요?

몰락한 남인 집안에서 태어난 정약용은 벼슬과는 상관없는 인생을 살 수도 있었습니다.

김역사 기자

▲ 수원 화성의 팔달문 (위)과 거중기(아래)

그런데 화성을 건설하려고 하니 문제가 발생했어요. 당시의 공사 기술로 성을 지으려면 10년 정도 시간이 걸리는데, 그 기간 동안의 막대한 공사 비용과 공사에 동원되어 고통당할 백성들이 문제였지요.

정조는 정약용과 규장각 신하들에게 해결할 방법을 찾아보라고 지시했어요. 신하들은 청에 들어와 있는 서양 과학 기술 책까지 구해서 열심히 연구했죠. 똑똑한 정약용은 여기서 한 발 더 나갔어요. 서양 과학 기술 책을 보고 도르래의 원리를 이용해 무거운 물건을 쉽게 들어 올릴 수 있는 기계인 거중기를 만들어 냈어요. 거중기를 비롯해 다양한 방법을 총동원하고, 벽돌을 이용한 최신 공사 기술 등을 사용한 결과, 공사 기간은 2년 9개월로 단축되고 공사비도 대폭 줄일 수 있었어요.

정약용의 과학 기술 지식은 여기서 그치지 않았어요. 수십 척의 배를 연결해서 한강을 가로지르는 **배다리**를 만들고 정조의 화성 행차에 이용할 수 있도록 했답니다. 이처럼 정약용은 자신이 아는 것들을 모두 현실 생활을 이롭게 하는 데 썼어요.

그러나 정약용을 더욱 빛나게 한 것은 백성을 사랑하는 관리라는 점이에요. 항상 백성의 생활과 어려움을 살피려고 애쓰던 정조는 갑자기 15명의 암행어사를 파견했지요. 수령들이 모르게 하려고 일부러 갑자기 보낸 거예요. 암행어사 정약용의 활약도 대단했어요. 정약용은 수령들의 부정부패를 낱낱이 보고했는데 그중에는 왕실의 최측근이자 정조가 믿었던 신하들도 있었어요. 정약용은 왕이 옳은 결정을 할 거라고 믿었어요. 정조 또한 그들을 엄하게 처벌하여 왕으로서 올바른 행동을 했어요.

그러던 어느 날 정약용에게도 시련이 닥쳐요. 젊은 시절 잠깐 천주교에 관심을 가졌던 것을 근거로 정약용을 시기하는 노론 일파들이 끊임없이 공격했어요. 양반들은 우리 고유의 풍습인 제사를 거부하고, 모두가 평등하다고 주장해 유교의 규범을 무너뜨리는 천주교가 못마땅했어요. 그런데 그 종교를 정약용이 믿는다며 꼬투리를 잡은 거죠. 결국 정약용은 관직에서 물러나고 말았어요.

그런데 갑자기 정조가 세상을 떠나고 맙니다. 그러자 마치 기다렸다는 듯이 정조가 아꼈던 신하들은 줄줄이 유배를 가거나 처벌을 당했어요. 정약용은 형 정약전과 함께 강진, 흑산도로 나뉘어 유배를 떠나야 했어요. 그러나 18년 유배 생활을 하는 동안 정약용은 시간을 허투루 쓰지 않고 공부에 전념했어요. 집을 학당으로 꾸며 제자들을 받고 끝없이 책을 쓰며 학문에 매달렸지요. 이 기간 동안 그의 위대한 사상은 책 속에 녹아나게 되었답니다.

배다리

강을 건널 수 있도록 배를 이어 만든 다리를 말해요. 정조의 화성 행차를 위해 정약용이 설계했지요. 강을 가로질러 수십 척의 나룻배를 엇갈리게 놓은 뒤 칡끈으로 묶고, 그 위에 나무 판자를 덮어 평평하게 만들었어요. 안전을 위해 난간까지 설치했다고 해요.

2 인물 초대석

*생방송한국사

농업을 중심으로 조선을 개혁하라!

우리 농촌의 현실을 알고 계십니까? 지나친 세금으로 인해 더 이상 살기 힘들어진 농민들이 하나 둘 도시로 떠나거나 도적이 되고 있다고 합니다. 이러한 상황에서 농촌 개혁 문제에 관심을 갖는 분들이 계시다고 하는데요, 그 분들을 김역사 기자가 만나보았습니다.

농민들에게 가장 중요한 것은 무엇일까요? 바로 '땅'입니다. 모든 농민들이 생계를 꾸려나갈 최소한의 땅을 갖는다면 그들의 삶은 지금보다 훨씬 나을 것입니다. 그러나 현실은 소수의 양반들이 많은 토지를 갖고, 대부분의 농민들은 남의 땅을 빌려 농사를 짓는 소작농이라는 것입니다. 그래서 토지 제도의 개혁이 시급하다고 말하는 농업 중심 개혁론자들을 만나 보겠습니다.

유형원

농사를 짓는 백성이 그 땅의 주인이 되어야 한다고 생각해요. 이를 위해서 백성이 가지고 있던 모든 땅을 나라가 가져간 뒤, 관리와 선비, 농민 등 다양한 신분에 따라 차등을 두고 다시 나눠주는 균전론을 시행해야 옳습니다. 이렇게 되면 자기 땅을 가진 백성이 늘어나 먹고살 걱정은 덜고 세금도 잘 낼 수 있을 겁니다.

정약용 | 농업을 중심으로 실용을 외치다

이익

농가마다 생계에 필요한 최소한의 땅을 정해 주고 그 땅은 절대 팔 수 없도록 해야 합니다. 그 외의 땅은 자유롭게 사고팔 수 있어야겠죠? 또 나라에서 정한 양보다 땅이 많은 사람은 나머지 땅을 팔 수 있지만 새로 사지는 못합니다. 반대로 땅이 적은 사람은 나라에서 정한 만큼까지만 땅을 살 수 있지요. 이렇게 시간이 흐르면 땅은 농사짓는 농민에게 점점 공평하게 돌아갈 수 있을 겁니다. 이런 토지 제도를 한전론이라 이름 붙여 보았습니다.

이 밖에도 세금을 내는 백성의 숫자가 늘어나려면 노비를 해방해야 하고, 양반들도 자신이 먹을 것을 직접 생산했으면 좋겠습니다. 그리고 땅 주인이 소작농에게 자신들이 내야 할 세금을 대신 내게 만드는 **풍토**는 없어져야 하고, 변질된 환곡 제도 역시 바뀌어야 합니다.

풍토
어떤 일의 바탕이 되는 제도나 조건을 비유적으로 이르는 말

정약용

저는 마을의 모든 사람들이 모여서 공동으로 토지를 소유하고, 공동으로 농사를 짓고, 각자 자기가 일한 날짜에 따라 농작물을 나눠 가져가는 공동 농장 제도인 여전론을 주장합니다. 이러면 마을 사람들끼리 서로 돕게 되어 사회 풍속도 좋아질 거예요. 그리고 저는 다른 분들과 달리 농업의 발전과 더불어 과학 기술과 상공업의 발전도 함께 이뤄져야 나라가 강해질 수 있다고 생각합니다.

나라에서 외면해 왔던 토지 제도 개혁 문제를 정면으로 비판하는 의미 있는 자리였던 것 같네요. 언제쯤이면 정부는 이러한 주장에 귀를 기울이고, 국가 정책에 반영하게 될까요?

정약용의 명작을 만나다

작가로서 정약용 씨에 대해 알아보는 시간을 갖겠습니다. 정약용 씨는 관직 생활의 경험과 오랜 유배 생활에서 연구한 것을 바탕으로 약 500여 권에 달하는 책을 썼는데요. 평범한 사람들은 평생 읽지도 못할 분량의 책을 썼다는 게 놀라울 따름입니다. 형법, 기술, 의학, 경제, 정치, 국방, 지리, 음악, 농업 등 분야도 다양합니다. 그중 대표작 3권을 알아보겠습니다.

첫 번째는 『경세유표(經世遺表)』입니다.
『경세유표』는 조선을 부강한 나라로 만들기 위해 어떻게 제도를 바꾸어야 하는지를 적어 놓은 책이에요. 이 책에서 정약용은 토지 문제를 개혁해야 한다면서 정전법에 대해 이야기하고 있죠. 또 도시와 상업을 발전시키고, 기술의 힘을 발전시켜야 한다는 것도 강조합니다. 실학자로서, 관리로서 느낀 점을 총정리한 종합 개혁 안내서라고나 할까요.

두 번째는 『흠흠신서(欽欽新書)』입니다.
재판을 하거나 형벌을 주는 상황에서 어떻게 공정하게 할 수 있는지를 알려 주는 범죄와 관련된 법전이에요. 재판은 사람의 목숨이 달린 중요한 일인데도 지방 수령들이 재판하는 법도 몰라 백성들을 억울하게 만들 때가 많았거든요.

162 정약용 | 농업을 중심으로 실용을 외치다

마지막은 『목민심서(牧民心書)』입니다.
목민관이란 백성들을 직접 대하는 지방의 수령이나 벼슬아치를 뜻하는 말이에요. 『목민심서』는 이들 관리들이 어떤 자세를 가지고 백성들을 다스려야 하는지 알려 주는 지침서라고 볼 수 있죠. 이 책에서 정약용은 목민관이 능력과 인격을 갖춰야 한다고 말해요. 특히 관리들은 청렴해야 한다며 아무리 작은 물건이어도 사사로운 뇌물을 받아서는 안 된다고 강조하지요. 벼슬자리가 끝나면 백성들의 피 같은 세금을 착취해 한몫 단단히 챙겨서 나오는 수령들에 대한 비판이 담겨 있는 거예요. 이 책은 원래 '1급 정치범 정약용의 책'이라 해서 읽는 것이 금지되어 있었는데요, 지방 관아에서 일처리를 할 때 참고하기가 너무 편하다보니 많은 사람들에게 필사되어 베스트셀러가 되었답니다.

이 외에도 정약용은 많은 책을 썼어요. 『마과회통』은 자식들을 천연두로 잃고 본인도 천연두를 앓았던 가슴 아픈 경험 속에서 탄생한 의학서예요. 『기예론』은 기술의 발전을 장려한 책이고요. 토지 개혁에 대한 생각을 담은 『전론』도 있어요.
"정약용의 18년 유배 생활은 개인에게는 불행이었지만, 조선 역사에는 행운이었다." 라는 말이 나올 만큼 정약용은 18년 간의 긴 유배 생활 동안 수많은 책을 완성했답니다. 정약용은 유배가 끝난 뒤에 비록 다시 벼슬길에 오르지는 못했지만, 나라를 다스릴 수 있는 좋은 방법을 연구해 그 책들을 세상에 널리 알렸습니다.

 고종훈의 한국사 브리핑

인물 핵심 분석 ▶ 정약용

QR 코드를 찍으면 고종훈 선생님의 강의를 볼 수 있어요.

시대 ▶ 1762년~1836년
별명 ▶ 정조의 남자, 실학 보이, 발명왕, 원고 기계
좌우명 ▶ 백성들에게 이익이 되는 정치를 하자.
요즘 드는 생각 ▶ 어떻게 하면 농민들이 토지를 고루 나눠가질 수 있을까?
취미 ▶ 발명
역사적 중요도 ▶ ★★★★☆
시험 출제 빈도 ▶ 높음

정약용은 뛰어난 실학자예요.

정약용은 다방면에 재능을 보인 실학자예요. 정약용은 규장각에서 정조의 총애를 받으며 일했어요. 그러다 정조가 죽자 유배지에서 약 500여 권의 책을 썼습니다.

정약용은 수원 화성을 지을 때 큰 역할을 하였어요.

정약용은 정조의 화성 건설을 주도했어요. 그는 중국과 서양의 성까지 연구하여 가장 실용적인 방법으로 화성을 건설하였습니다. 또한 **서양의 과학책까지 들여와 연구하여 거중기를 만들었어요.** 정조가 수원으로 행차할 때에는 실용적인 배다리를 만들기도 했어요.

농업 중심의 개혁론을 펼쳤어요.

정약용은 부패한 조선 사회를 위해 농업 부문을 가장 먼저 개혁해야 한다고 주장하였어요. 특히 **토지 제도**를 개혁해 농사짓는 사람들에게 토지를 나누어 주자고 하였지요.

타임라인 뉴스

1737 박사유의 아들로 태어나다

1765 1차 과거에 장원, 2차에 백지를 제출하다

1780 중국 여행 후 『열하일기』를 쓰다

1798 『과농소초』 등 다양한 저술 활동을 하다

1805 사망하다

1 헤드라인 뉴스

북학 사상의 선구자, 박지원

지금 조정에서는 이미 망한 명을 위해 제사를 지내고, 세계적인 강국인 청을 무시하는 분위기가 커지고 있습니다. 그러나 청의 문물을 받아들여야 한다는 사람도 등장했는데요, 바로 박지원 씨입니다.

김역사 기자

> 박지원은 문과 과거 1차 시험에서 장원에 오르고도 벼슬길에 나서지 않았어요.

유유자적 유람하며 살아온 선비 박지원은 불현듯 청에 가 보고 싶다는 생각을 합니다. 그래서 친척인 박명원이 사신 자격으로 청으로 갈 때 자그마한 역할을 맡아 따라갔지요. 압록강을 건너 베이징을 거쳐 **열하**까지 갔다가 한양으로 돌아오기까지 5개월 여의 기간 동안 박지원은 신세계를 경험했어요.

박지원은 대부분의 사람들이 청의 웅장한 건축물에 시선을 빼앗길 때, 백성의 삶에 쓸모 있어 보이는 기술이나 아이디어를 찾아내기 바빴어요. 여행 도중 민가에 머물 때에는 부엌 아궁이를 들여다보며 어떻게 방을 따뜻하게 데우는지 관찰할 정도였죠.

특히 박지원의 관심을 끈 것은 벽돌을 굽는 가마, 거대한 선박, 수레가 다니는 큰 길이었습니다. 벽돌이라는 재료로 건물을 세워 공사 기간을 줄이고, 선박이나 수레를 이용하여 빠르게 사람과 물건을 나르는 모습이 인상적이었던 거예요. 예절과 규칙에 얽매이지 않고 생활에 편리하고 좋은 기술이 있으면 바로 받아들이는 청의 모습을 보며, 박지원은 조선도 하루빨리 새로운 문화와 **산물**을 받아들여야 한다는 생각을 하게 되었어요.

청에서 돌아온 박지원은 행여 자신이 봤던 모습들을 잊어버리기라도 할까봐 책을 쓰는 일에 몰두했어요. 그렇게 몇 년이 흘러 여지껏 조선 사람들이 오랑캐로만 여겼던 청의 발전된 모습과 실제 생활상을 소개하는 책 『열하일기』를 발표하지요.

"청과 조선을 나란히 놓고 보면 조선이 훨씬 낫다고 할 것은 딱히 없습니다. 그런데도 우리 조선이 청을 무시하며 조선의 문화가 세상에서 가장 우수하다고 여기는 것은 어리석은 일이라고 생각합니다. 명이 무너졌으니 이젠 중국도 별 볼일 없다고 말하는 것도 우물 안 개구리와 같은 발상입니다. 청의 풍속과 언어를 오랑캐의 것이라고 업신여기면서 그들이 만든 훌륭한 것들마저 본받기는커녕 거부해 버린다면 앞으로 대체 무엇을 본받을 것입니까?"

『열하일기』는 청의 앞선 문화와 기술을 배우자는 북학론을 소개한 책이라고 할 수 있어요. 내용도 훌륭하지만 문장도 재미있어서 큰 인기를 끌기 시작했지요. 딱딱한 여행기가 아니라, 소설 같은 형식이면서도 학자로서의 깊은 생각까지 담겨 있는 책이랍니다.

『열하일기』를 발표한 박지원은 친구의 추천으로 벼슬 생활을 시작했어요. 그는 자신이 다스리는 마을의 노인들을 초청해 효도하는 마음으

열하

'열하'는 지금의 허베이성 근처 지역 이름이에요. 청의 황제가 별궁을 건설하면서 베이징에 버금가는 정치와 문화의 중심지가 되었어요.

산물

어떤 것에 의하여 생겨나는 사물이나 현상을 비유적으로 이르는 말

로 잔치를 베풀기도 했고, 죄인을 다스릴 때 지나치게 엄하게 하지 않았으며, 굶주린 백성을 돕는 데에도 앞장섰어요. 뿐만 아니라 베틀이나 물레방아, 수레 등을 만들어 사용하게 했고, 중국식 건물을 짓기도 했지요. 청에서 본 실용적인 문화와 기술을 적용해 본 것입니다.

그런 이야기를 전해 들은 정조는 기뻐하며 박지원을 높게 평가했어요. 가난한 양반 출신이라 벼슬길에 오르자마자 땅이나 집을 마련하기 급급할 줄 알았는데, 자기 돈까지 내놓으며 굶주린 백성을 챙기고, 백성들과 어려움을 함께하는 모습 때문이었죠. 어떻게 하면 백성들이 잘살 수 있을까를 고민하던 박지원의 마음이 정조에게도 전해졌던 거예요.

백성들 역시 박지원이 고을을 떠날 때 눈물을 흘리며 아쉬워했지요. 정조가 죽고 난 후 지방에서 관리 생활을 하던 박지원 역시 세상을 떠났어요. 박지원이 좀 더 이른 나이에 청에 다녀오고, 더 빨리 관리가 되었다면 백성들을 위한 더 많은 정책들을 시행해 볼 수 있었을까요?

당시 중국을 비롯한 세계가 빠르게 변화하고 있는데 반해, 조선은 유학 사상만을 고집하며 변화를 받아들이지 못하고 있었어요. 박지원은 이런 조선의 모습을 답답해하며 기술과 과학을 발전시켜 나라를 부강하게 만들고 싶어했어요. 그런 앞선 생각을 가지고 있었기에 백성들이 원하는 현실적인 정치를 할 수 있었지요. 북학 사상의 선두 주자였던 박지원의 생각은 손자 박규수에게 이어지고, 후에 **개화파**라는 젊은 신하들에게 이어집니다.

개화파
조선 말 개항 이후 서양의 발달된 문물을 받아들여야 한다고 주장한 정치 세력을 말해요. 이들은 조선 후기 실학 사상을 계승했고, 청에서의 경험을 바탕으로 개화 사상의 기초를 닦았어요.

2 인물 초대석

생방송 한국사

상공업의 발전을 꾀하라

지금 조선은 장사 열풍이 불고 있습니다. 화폐가 활발하게 유통되고 있으며, 은행 역할을 하는 곳도 등장했습니다. 기초적인 자본주의가 시작되는 느낌도 드는데요, 이런 모습을 진단하기 위해 전문가 몇 분을 모셨습니다.

도성 곳곳에서 난전이 생겨나고, 화폐를 사용하고, 길 위를 오가는 물건들의 양이 많아지면서 조선 사회 역시 새로운 변화의 흐름을 받아들이는 모습입니다. 이에 따라 잘사는 나라를 만들기 위해서는 상공업이 발전해야 한다고 믿는 사람들이 등장했다고 해서 화제입니다. 지금 이들을 만나 봅니다.

박지원

우리를 상공업 중심 개혁론자라고 부르지요. 주로 농촌에서 머물며 토지와 관련된 개혁을 준비하던 남인 출신의 농업 중심 개혁론자들과 달리, 상공업 중심 개혁론자들은 도시에서 지내는 이름 있는 가문의 노론 출신 사람들이 많았어요. 그리고 청의 학문을 배우자고 주장했기 때문에 '북학파'라고도 불려요. 청에 사신으로 가서 자극을 받고 돌아온 이들이 많았지요. 우리는 농업 중심 개혁론자

들이 토지를 개혁해야 한다는 말에 뜻을 같이하기도 했지만 출발부터 조금 달랐어요. 예를 들어 상공업 중심 개혁론자들은 농업이라고 하면 작은 규모의 소작인들을 위한 개혁보다는, 상업적으로 대규모로 농사를 짓고, 농사 기술도 발전시켜야 한다고 생각했어요. 또한 자기 땅을 가지지 못한 농민들은 굳이 농업에 매달릴 필요 없이 도시에 와서 장사를 하면 된다고 생각했지요.

유수원: 상공업을 중심으로 나라를 개혁해야 한다는 주장을 제일 처음 한 사람이 바로 접니다. 저는 나라가 약하고 백성이 가난한 원인이 사(선비), 농(농민), 공(공인), 상(상인)이 각자의 생업에 전념하지 못해서라고 생각해요. 양반 문벌 중심의 신분 질서가 변하지 않는 한 백성들은 자기 직분에 충실할 수가 없어요. 일하지 않는 양반들은 농업이나 공업, 상업에 종사하게 해야 합니다. 선비, 농민, 공인, 상인의 모든 직업을 귀하게 여겨야 한다고 생각합니다. 또한 농업 역시 작은 규모로 하기보다는 큰 규모로 하면 지금보다는 훨씬 이득을 볼 수 있다고 생각해요.

홍대용: 조선이 발전하려면 제일 급한 문제가 바로 유교를 중시하고 성리학에 매달리는 오랜 전통을 바꿔야 한다고 생각합니다. 지금이 어느 때인데 상공업을 천시하고 농업만 전부인 줄 알고 지내야 한단 말입니까? 또한 기술을 발전시키는 걸 중요하게 여기는 세상이 와야 합니다. 특히 과학 기술이 중요하다고 생각해요. 과학 기술이 발전해야만 사회 전체가 같이 발전하게 됩니다.

이미 아시겠지만 저는 청에 다녀와 새로운 문물을 받아들이자는 내용을 담은 『열하일기』라는 책을 펴냈습니다. 또한 사회가 돌아가는 흐름도 모르고, 시대의 변화에 발맞춰 나갈 능력도 없는 양반들을 비판하는 소설을 썼지요. 제가 쓴 소설 중 『허생전』이라는 글을 읽어 보면, 상공업을 발전시키기를 바라는 제 생각이 잘 나타나 있지요. 선비들이 현실에 참여하여 상업과 경제에 참여하는 것이 얼마나 중요한지, 얼마나 큰돈을 벌 수 있는지를 보여 줌으로써 저의 실학 사상을 표현하고자 했습니다.

저는 스승인 박지원 선생의 생각을 더 크게 발전시키고자 노력했습니다. 우물에 고여 있는 물은 썩고, 물을 자꾸 퍼내야 새로운 물이 채워지듯이, 물건을 사는 사람들이 많아져야 새로운 물건이 생산되어 상공업이 활성화될 수 있다고 생각합니다. 그러니 무조건 아끼는 것보다는 적당히 쓰고 살아야 나라 경제가 살아납니다. 또한 상공업이 발전한 청과의 교류를 늘려 본받을 것은 본받아야 해요.

상공업 중심 개혁론자들은 청으로부터 새로운 기술과 문화를 받아들여 상공업을 발전시키자는 주장을 공통적으로 하고 있는 듯합니다. 또한 유교에 매달리느라 생업에 종사하는 일을 천시하는 양반들부터 바뀌어야 한다고 생각하고 있음을 알 수 있었습니다. 이상으로 귀한 시간을 내주신 여러 대감들에게 감사드립니다.

유쾌, 상쾌, 통쾌한 박지원의 풍자 소설

김역사 기자

최근 서점가에서 박지원의 소설이 선풍적인 인기를 끌고 있습니다. 『열하일기』 안에 포함되어 있던 한문 소설들이 주목받게 된 것인데요, 박지원의 소설에는 어떤 매력이 있을까요? 오늘의 <문화계 소식>에서는 연암 박지원에 대해 이야기를 나눠 보겠습니다.

베스트셀러 작가 박지원, 노론 명문가의 후손으로 태어났음에도 어딘가 좀 괴짜 같은 면이 있는 양반입니다. 문과 1차 시험인 초시에서 장원을 하며 영조에게 주목을 받았지만, 정말 중요했던 2차 시험에서 백지 답안지를 제출합니다. 실력도 없으면서 관료가 되겠다며 대놓고 컨닝을 하고, 시험관 매수가 판을 치던 조선 후기의 과거 시험장의 모습을 보고, 이런 흐릿하고 더러운 세상에 몸을 섞고 싶지 않다는 의지를 표현한 것입니다. 어쩌면 박지원의 그런 모습은 시대를 비판하는 그의 소설과도 닮아 있을지도 모르겠네요.

박지원 | 상공업을 중심으로 실용을 외치다

매력1 : 조선 후기 사회의 모습을 통쾌하게 풍자하는 소설
어떤 시대나 사회의 모습, 사건이나 인물을 직접 비판하는 것이 아니라 그와 비슷하거나 과장된 다른 모습을 빌려 비판하는 것을 '풍자'라고 합니다. 박지원은 두 번의 전쟁을 거치며 사회는 급속도로 변해가는데 양반이라는 사람들은 자신들의 신분과 체면을 내세울 줄만 알았지 현실 돌아가는 사정도 모르는 것을 풍자하고 싶었던 모양이에요. 박지원의 소설에서는 이런 조선 후기 사회 양반들의 무능하고 부패한 모습이 통쾌하고 속 시원한 풍자와 함께 표현되고 있어요.

매력2 : 재미있는 표현과 유머가 담긴 문장
박지원 소설의 또 다른 매력은 날카로운 비판이 살아있으면서도 유머와 재치가 담긴 문장으로 웃음을 터뜨리게 한다는 점입니다. 겉보기엔 가볍고 장난스러운 문장 같은데 알고 보면 깊은 뜻이 담겨 있지요. "시장에서 개를 살 때 개 값이 두 냥인데, 양반은 냥 + 반이라 한냥 반밖에 안한다. 양반은 개 값보다 저렴하다!"라는 식이에요. 원래 누군가를 비판하고 풍자하는 일은 불쾌하게 느껴질 수도 있는 법인데, 박지원의 소설에서는 적절하고도 기막힌 표현을 쓰다 보니 '맞아, 맞아'라며 무릎을 탁 칠 수밖에 없답니다.

매력3 : 당시 사람들의 삶을 생생하게 사실적으로 묘사하다
노론 집안에서 태어난 양반임에도, 하층민의 입장을 이해하고 그들의 눈으로 세상을 바라보았다는 점이 인상적이에요. 저잣거리와 산천을 떠돌아다니며 거리낌 없이 백성들과 대화하고, 그들의 삶을 애정을 가지고 관찰했던 박지원의 진실된 태도가 드러나는 것이죠.

매력4 : 작가 박지원의 실학 사상이 마음껏 표현된 작품
박지원은 소설을 통해 자신의 실학 사상을 드러내고 있답니다. 상공업이 발전하면서 새롭게 사회에 등장한 상인 계층의 인물들을 보여 주기도 하고, 소설 속의 인물을 통해 박지원이 꿈꾸었던 개혁을 실행하기도 하지요. 선비들이 현실에 적극적으로 참여하고, 상공업의 중요성을 깨달아 나라의 발전을 돕는 모습에서 그만의 생각이 담겨 있다고 볼 수 있어요.

고종훈의 한국사 브리핑

인물 핵심 분석 ▶ 박지원

QR 코드를 찍으면 고종훈 선생님의 강의를 볼 수 있어요.

시대 ▶ 1737년~1805년
별명 ▶ 청나라 예찬자, 북학 선생, 바른 벼슬아치
좌우명 ▶ 좋은 점이 있다면 그것을 받아들여 내 것으로 만들자!
제일 아끼는 것은? ▶ 내가 쓴 책
가장 슬펐을 때 ▶ 정조 임금이 돌아가셨을 때
역사적 중요도 ▶ ★★★★☆
시험 출제 빈도 ▶ 중요

북학 사상을 주장했어요.

청에 다녀 온 박지원은 발달된 청의 문물을 들여와야 한다는 북학 사상을 주장하였습니다. 그중에서도 수레와 선박의 이용을 강조하였지요.

상공업을 발달시켜 경제 개혁을 해야 한다고 주장했어요.

박지원은 상공업을 발달시켜 경제가 더욱 활발하게 움직여야 한다고 주장하였습니다. 홍대용, 유수원, 박제가 등과 함께 상공업 중심의 개혁론을 주장했지요.

백성과 나라를 위해 다양한 책을 썼어요.

박지원은 『열하일기』를 저술하여 발달된 청의 모습을 소개하였습니다. 또 『양반전』, 『호질』, 『허생전』 등의 소설에서 양반을 풍자하기도 했으며 각종 저서를 통해 상공업의 중요성을 알렸지요.

14 김홍도

시대를 그린 화가

시대 1745년~?년

타임라인 뉴스

1745 김석무의 아들로 태어나다

1764 도화서에 들어가다

1773 영조의 어진을 그리다

1781 정조의 어진 작업에 참여하다

1791 청풍 현감직에 임명되다

? 세상을 떠나다

1 헤드라인 뉴스

생방송 한국사

시대를 그린 화가 김홍도

이번 뉴스는 문화계 소식입니다. 김홍도 화가가 오래간만에 전시회를 열었습니다. 연일 인파가 모여들며 성황을 이루고 있다고 하는데요, 그의 전시회가 문화계에 어떤 의미가 있는지 알아보겠습니다.

> 김홍도는 어렸을 때부터 천재적인 재능이 있었던 모양입니다.

김역사 기자

김홍도는 20세가 되기도 전에 **도화서**의 화원으로 활동했습니다. 갓 스물이 넘은 나이에 영조를 위한 병풍을 그릴 정도로 최고의 실력을 인정받았지요. 그 후 영조와 세손 시절 정조의 초상화를 그리는데, 그때 그의 화가 인생에서 중요한 후원자가 될 정조를 만나지요.

정조는 학자 군주일 뿐만 아니라, 시와 그림을 잘 그리는 예술가의 재능도 가진 군주였어요. 그래서 화가들이 활발히 활동할 수 있도록 여러모로 도와주었죠.

궁중 화가로서 김홍도의 유명세는 나날이 높아졌어요. 왕의 초상화인 어진은 물론 왕실 관련 작품들을 다룰 뿐만 아니라 인물화나 풍경화, 신선도 등 다방면의 그림을 다 잘 그렸기 때문이에요. "날마다 김홍도의 그림을 얻으려는 사람들이 비단을 들고 찾아와 문을 가득 메워 잠자고 먹을 시간도 없을 정도였다."라는 말이 전해질 정도랍니다.

김홍도는 여러 분야에서 뛰어난 실력을 발휘했지만, 특히 한 시대를 살아가는 사람들의 생활 모습이나 유행 등을 담은 그림인 풍속화 분야에서 뛰어난 업적을 남겼어요. 조선 후기에는 양반들이 조금씩 풍속화를 그리기 시작했지만, 중인 계급이었던 김홍도는 신분에 얽매이지 않고 좀 더 자유롭게 그림을 그릴 수 있었던 중인 계층이라 과감하고 현실적인 풍속화를 많이 그렸어요. 이 그림들은 주로 평민들이 사서 보았기 때문에 서민 문화가 발전하는 데 한몫을 했어요.

김홍도의 풍속화는 단순히 그 시대 사람들이 생활하는 모습을 그렸다는 것 이상의 의미를 가지고 있어요. 구도 면에서나 동작의 표현, 붓놀림 등에서 뛰어난 예술적 가치를 가지고 있거든요. 그림 속에 담긴 백성들의 생활 모습이 너무나 생동감 있고, 그림 하나하나마다 재미있는 이야기를 들려주고 있어요.

그림의 주인공은 대부분 자신의 일에 종사하는 백성들이었어요. 장인들은 물건을 만들거나 집을 짓고, 농민들은 소를 끌고 밭을 갈며 **새참**을 먹고 있는 모습이지요. 아낙네들은 우물가에 물을 뜨러 오고, 상인들은 봇짐을 지고 장사를 하러 떠나는 모습도 있어요. 그들의 모습은 솔직하고 거침이 없었으며, 백성들의 문화가 발전하고 있다는 것을 보여 주고 있었지요. 또 모두들 하나같이 순수하고 행복한 표정을 하고 있어요.

김홍도는 정조의 명으로 금강산을 기행하며 경치가 유명한 장소를 그렸어요. 그리고 사도 세자의 무덤을 화성으로 옮기면서 세운 용주사라는 절의 불상 뒤에 걸릴 그림을 그리기도 했어요. 김홍도가 그린 나무 아래

도화서
조선 시대에 그림에 관한 일을 맡아보던 관아예요. 주로 임금의 초상인 어진(御眞)을 그렸습니다. 태조 1년(1392)에 설치한 것으로, 성종 이전까지는 도화원이라고 했어요.

새참
일을 하다가 잠깐 쉬면서 먹는 음식

『원행을묘정리의궤』

수원 화성 행차를 마치고 정조의 명에 따라 만들어진 책이에요. '원행'은 정조가 아버지 사도 세자의 묘 현륭원을 찾아 갔다는 의미, '을묘' 년에 '정리'자라는 금속 활자로 인쇄했다는 의미예요.

에 있는 호랑이라는 뜻의 「송하맹호도」를 보면 털 하나하나가 살아 있는 것처럼 생생하게 묘사되어 있어 김홍도의 실력을 단번에 알아볼 수 있어요.

그러나 무엇보다 정조의 화성 행차 후에 편찬된 『원행을묘정리의궤』 속에는 행차의 주요 장면을 그려 넣었는데 김홍도가 총지휘를 맡아 최고의 화원들과 함께 작업을 했어요. 8폭의 병풍에 표현된 「화성능행도」는 그림에 표현된 사람만 1800여 명인데, 그들이 입고 있는 의상, 제각각 다른 표정과 몸짓, 구경나온 백성들의 생동감 넘치는 모습 등 축제의 모습이 구체적이고 생생하게 담겨 있지요.

궁중에서 필요한 그림부터 저잣거리 서민의 삶을 담은 그림까지, 화가 김홍도의 그림에 남겨진 시대의 모습은 다음 세대에도 전해지게 되었답니다.

이제 조선 후기의 문화에 대해 알아볼까요? 풍속화의 대가인 김홍도

 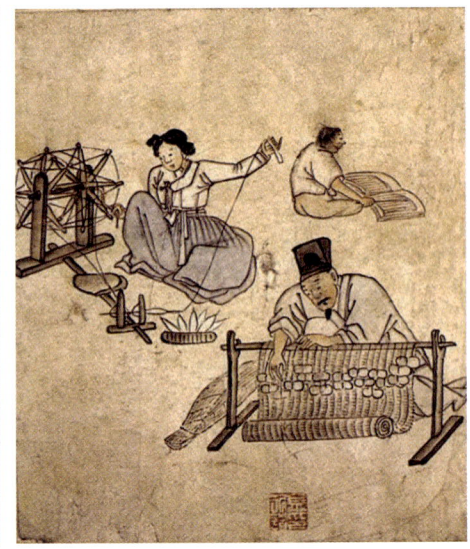

▶ 김홍도의 「서당」(왼쪽)과 「자리짜기」(오른쪽)

▲「작호도」| 까치와 호랑이의 모습을 그린 그림. 까치는 복을 가져오는 동물, 호랑이는 나쁜 기운을 쫓는 동물을 의미해요.

가 활동했던 시절은 **서민 문화**가 발달했던 때예요. 조선 후기에 서민 문화가 발전할 수 있었던 것은 경제적인 여유가 바탕이 되었기 때문이에요. 모내기법이 널리 퍼지고, 담배나 인삼, 채소처럼 장에 내다 팔아 돈을 벌 수 있는 상품 작물을 재배하면서 농촌에서도 과거에 비해 쉽게 돈을 벌 수 있게 되었던 거예요. 여유로워진 백성은 교육을 받을 기회도 많아져 예술과 문화에 관심을 갖게 되었어요.

서민 문화
백성, 즉 서민이 문화의 주인이 되는 것을 '서민 문화'라고 해요.

조선 후기에 서민이 쉽게 접하고 좋아했던 문화를 서민 문화라고 해요. 김홍도의 풍속화가 대표적인 서민 문화에 해당하지요. 이 외에도 주변에서 쉽게 볼 수 있는 것들을 이용해 개인의 복과 장수를 빌었던 그림인 민화, 판소리나 탈놀이, 한글 소설 등이 모두 서민 문화에 속해요. 생활 도자기인 청화 백자나, 나무에 옻칠을 한 후 전복과 소라 등의 껍데기로 장식한 나전 칠기 또한 서민들이 즐겨 사용하던 것들이에요.

한편, 판소리나 탈놀이 등에서는 못된 양반을 비판하는 내용이나 신분제를 비판하는 내용이 나오기도 한답니다.

 스페셜뉴스 인물 포커스

또 다른 천재 화가, 신윤복!
조선의 여인을 그리다

 김홍도, 김득신과 더불어 조선 시대 3대 풍속화가로 불리는 신윤복. 그 명성에 비해 그의 일생에 대해서는 거의 알려진 바가 없습니다. 아마도 집안 대대로 그림을 그렸기 때문에 어려서부터 도화서의 화원이 되었을 것으로 보입니다. 남녀 간의 사랑을 즐겨 표현하는 그의 그림이 엄숙한 조선 사회의 분위기와는 어울리지 않았겠지만 지금 우리에게는 소중한 정보를 전해 주는 그림이지요.

김홍도와 같은 시대에 태어난 화가인데도 두 사람이 그린 풍속화는 전혀 다른 스타일을 지니고 있어요. 우선 그림을 그리는 대상부터가 달랐지요. 김홍도는 서민들의 자연스럽고 소탈한 모습을 그렸지만, 신윤복은 양반층의 놀이, 남녀 간의 사랑 등을 주로 그렸어요.

또한 김홍도의 그림이 강한 선이 특징이라면, 신윤복은 세밀하고 부드러운 선을 사용해 훨씬 곱게 표현했어요. 아마도 신윤복이 여인의 그림을 많이 그렸기 때문에 그런 선을 사용했을 거예요. 김홍도가 백성의 움직이는 모습을 부각시키기 위해 배경을 그리지 않고 색도 옅게 그렸다면, 신윤복은 배경도 한껏 공을 들여 그리고, 중국에서 들여온 값비싼 물감을 이용해 빨강, 노랑, 파랑의 산뜻하고 또렷한 색을 칠했어요.

신윤복의 그림이 더욱 의미가 있는 건 남성 위주의 조선 사회에서 '여성'을 주인공으로 했다는 거예요. 특히 천한 신분으로 무시당했던 기생들을 주인공으로 삼았어요. 아마도 양반 여성들은 그리고 싶어도 그릴 수 없었을 거예요. 양반 여성들은 외출할 때에도 얼굴을 가리기 위해 두루마기와 같은 형태의 장옷을 쓰고 다녔던 때라 낯선 남자 화가에게 모델이 되어 주지는 않았겠죠. 어쨌든 신윤복은 여인들의 삶을 아주 가까운 거리에서 관찰하고, 그녀들의 아름다움과 옷매무새, 몸짓, 얼굴에 드러난 감정 등을 섬세하게 그려냈지요.

신윤복이 이러한 주제의 풍속화를 그릴 수 있었던 것은 조선 후기의 사회가 차츰 변화하고 있었기 때문에 가능한 일이었을 거예요. 그래도 당시 사회 분위기에 비해 너무도 파격적인 그림을 그렸던 신윤복은 결국 도화서에서 쫓겨났어요. 그 후 신윤복은 자신이 원하는 소재로 자유롭게 그림을 그릴 수 있었을 거예요.

이렇듯 신윤복은 자신만의 독특한 스타일로, 김홍도와 쌍벽을 이루는 그림 세계를 만들어갔어요. 그의 그림에는 풍류를 즐기는 양반들의 모습, 기생들의 모습 등이 세련되게 표현되어 조선의 낭만과 멋이란 무엇인지 확실하게 보여 주고 있어요. 신윤복 같은 천재 화가들로 인해 조선 시대의 다채로운 풍속이 그림 속에 남게 되었지요.

▲ 신윤복의 「주유청강」 (간송미술관 소장)

▲ 신윤복의 「월하정인」 (간송미술관 소장)

고종훈의 한국사 브리핑

인물 핵심 분석 ▶ 김홍도

QR 코드를 찍으면 고종훈 선생님의 강의를 볼 수 있어요.

- **시대** ▶ 1745년~?년
- **별명** ▶ 그림천재, 신의 손, 민화쟁이
- **좋아하는 것** ▶ 일상의 모습을 그림으로 그리는 것
- **보물 1호** ▶ 종이, 붓
- **취미** ▶ 스케치
- **라이벌** ▶ 신윤복 (그림을 그렇게 잘 그린다면서?)
- **역사적 중요도** ▶ ★★★☆☆
- **시험 출제 빈도** ▶ 보통

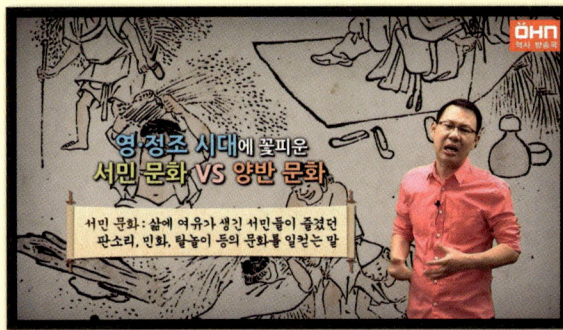

조선 후기에는 서민 문화가 발달했어요.

조선 후기에는 모내기법, 상품 작물의 재배 등으로 서민들도 어느 정도 부를 쌓을 수 있게 되었어요. 또 서민들도 기본적인 서당 교육을 받게 되면서 문화에 대한 욕구가 생겼습니다. 이를 바탕으로 **영·정조 시대**에는 판소리, 민화, 탈놀이 등 서민들의 문화가 꽃필 수 있었지요.

김홍도는 일상생활을 담은 풍속화를 그렸어요.

당시에는 서민들의 생활 모습을 정감 있게 표현한 그림인 풍속화가 서민들 사이에 유행하였습니다. 그중 김홍도는 풍속화의 대가로, 「서당」, 「자리짜기」 등 일반 백성들의 모습을 다양한 풍속화로 남겼어요.

신윤복은 여인의 모습을 주로 담은 민화를 그렸어요.

신윤복은 여인들을 소재로 남녀 간의 사랑 등 아름다운 풍속화를 주로 그렸어요. 또한 주변에서 쉽게 볼 수 있는 꽃, 새, 해, 달 등을 이용해 개인의 복과 소망을 표현하는 민화도 그렸답니다.

1 심층 취재

생방송한국사

홍경래, 세도 정치에 맞서다

첫 뉴스는 세도 정치 소식입니다. 도성 곳곳에서는 왕은 허수아비이고 진짜 왕은 김씨라는 소문이 파다하다고 합니다. 안동 김씨의 세력을 비꼬는 말로 들리는데요. 김역사 기자, 취재한 내용을 들려주시죠.

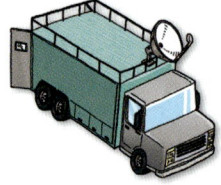

세도 정치란 힘 있는 몇몇 가문이 왕권을 넘어서는 힘을 가지고 정치를 좌지우지 했던 조선 후기의 정치 모습을 가리키는 말이에요.

김역사 기자

왕과 신하들이 균형 있게 권력을 나누어 가져야 나라를 올바르게 이끌어갈 수 있는데, 정조가 죽으면서 그 균형이 깨졌어요. 특정 가문이 막강한 권력을 가지게 되어 부정부패 등 많은 문제가 발생하게 되지요.

조선 후기에 세도 정치가 생긴 이유는 어린 왕이 갑작스럽게 왕위에 오른 탓도 커요. 이 경우 왕실의 큰어른인 대비가 수렴청정을 하며 정치를 대신했고, 이 과정에서 대비 가문의 세력이 커질 수밖에 없었던 거예요. 조선 후기에는 세자가 갑작스럽게 죽거나, 왕이 후손을 낳지 못하고 세상을 떠나는 문제가 거듭되어 이런 수렴청정이 몇 대에 걸쳐 계속 이어졌어요.

일찍 왕위에 오른 순조도 수렴청정을 받아야 했고, 순조의 뒤를 이어 순조의 어린 손자인 헌종이 왕위를 이으면서 또 수렴청정을 받아야 했지요. 이때 수렴청정을 했던 대비들이 김씨여서 안동 김씨 가문의 세도 정치가 시작된 거예요. 헌종 때에는 풍양 조씨도 세도 정치로 권세를 누렸어요.

왕의 **외척**, 즉 처가나 외가가 권력을 잡았다고 해도 정직하고 바르게 정치를 했으면 별 문제가 없었을지도 몰라요. 하지만 나라 전체를 위한다기보다는 자신의 가문만을 위한 정치를 하면서 왕의 권위는 땅에 떨어졌고, 부정부패가 판을 치기 시작했어요.

특히 **삼정의 문란**이라 하여 전정·군정·환곡 등의 세금 제도가 엉망이 돼 버렸어요. 세금을 내고 나면 먹고 살 일이 막막할 정도로 많은 세금을 내야 했거든요. 또한 관리가 되려면 안동 김씨 가문에 뇌물을 주거나 아부를 해야만 했어요.

한편, 순조 때 **평안도**에서 한 무리가 들고 일어나 빠른 속도로 주변 여덟 개의 고을을 점령하는 사건이 일어났어요. 홍경래라는 사람을 중심으로 난이 일어난 거예요. 홍경래 주변으로 양반, 상인, 농민 등 다양한 계층의 사람들이 모여들었죠.

이렇게 많은 사람들이 모일 수 있었던 이유는 무엇보다도 세도 정치에 대한 불만 때문이었어요. 세도 정치로 인해 양반 지식인들은 과거 시험에 합격해도 높은 벼슬에 오를 수 없었고, 세도가와 결탁된 대상인들이 모든 이익을 독차지하면서 다른 상인들은 피해를 볼 수밖에 없었어요. 농민들의 피해는 말할 것도 없었지요. 이렇게 세도 정치로 피해를 본 사람들이 홍경래의 봉기군에 합류하여 정권을 무너뜨릴 것을 다짐하게 된 거랍니다.

외척
'척'은 성씨가 다른 친족을 가리키는 말로, 어머니 쪽의 친척을 말해요.

삼정의 문란
전정(땅을 가진 사람이 내는 토지세), 군정(군역 대신 내는 군포), 환곡(어려울 때 곡식을 꾸었다가 추수할 때 갚는 것)이라는 세 가지 수취 체제가 변질되어 부정부패로 나타난 현상을 말해요.

평안도
평안도는 오랫동안 심한 차별을 받은 지역으로, 이중환은 그의 책 『택리지』에서 "평안도는 300년 이래 높은 벼슬을 한 사람이 없었고, 서울 사대부는 이들과 혼인하거나 벗하지 않는다."라고 지적하기도 했어요.

게다가 나라에서는 평안도 출신의 사람들을 차별했어요. 일부러 그런 건 아니었지만 어쨌든 조정에는 평안도 출신의 관리들이 많지 않았던 건 사실이에요. 또 군사적으로 중요한 지역이다 보니 국방비와 사신 접대비에 돈이 많이 들어간다는 이유로 경제적으로도 차별을 받았어요. 사신이 행차를 할 때에는 나가서 일을 해야 했고 세금도 내야 했거든요. 평안도 사람이면 모두 다 예외 없이 힘들었어요. 그러니 불만이 쌓일 수밖에요.

홍경래 무리는 엄청난 **기세**로 여러 지역의 관아를 점령하고 창고를 열어 백성들에게 쌀을 나누어 주었어요. 홍경래의 난이 일어났을 때 그 힘이 얼마나 컸던지 고을 수령들은 싸움도 하지 않고 도망치기 바쁠 정도였어요. 초반 청천강 이북 지역을 휩쓸고 다니며 승승장구하던 홍경래 무리들은 여러 지역에서 힘을 합쳐 공격해 오는 관군에 맞서 싸우다가 송림 지역에서 크게 패하는 일이 벌어졌어요. 홍경래는 세력을 다시

기세
기운차게 뻗치는 모양이나 상태, 남에게 영향을 끼칠 기운이나 태도

세도 정치 때문에 못 살겠다. 그리고 평안도 사람 왜 차별해!

모을 필요도 있고, 관군과 더 이상 싸우기 힘들어져 정주성이라는 곳에 들어갔는데 곧이어 관군에 의해 포위가 되고 말았어요.

홍경래 무리는 정주성에서 3개월 동안이나 관군에 맞서 싸웠어요. 홍경래 세력의 힘이 만만치 않다는 것을 알게 된 관군은 정주성 자체를 폭파시키기로 작전을 변경합니다. 결국 폭탄을 터트려 성벽을 날려버리고 관군이 성내로 들어가는 데 성공하자, 홍경래 세력도 곧 무너졌어요. 홍경래는 전사하였고, 주동자들은 붙잡혔으며, 약 3천여 명이 체포되었죠.

홍경래의 난을 일으킨 사람들은 어떤 세상을 꿈꾸었을까요? 아마도 출신 지역을 차별하지 않는 세상, 부패한 세도 정치가 없는 세상을 꿈꾸었겠지요? 물론 홍경래의 난은 신분 제도를 없애야 한다거나 토지 개혁 방안, 삼정의 문란을 극복하는 것 등 더 나은 **변혁**의 방법을 제시해 주지는 못했어요. 하지만 농민들의 모습은 예전과 분명 달라지게 됐지요.

변혁
급격하게 바꾸어 아주 달라지게 함

홍경래의 난은 농민들이 봉기에 자발적으로 참여해 사회의 잘못된 점을 비판하고 개선할 것을 요구했다는 점에서 의미가 큰 사건이에요. 그 후에도 여전히 삶을 꾸려나가기가 어려웠던 농민들은 "정주성에서 죽은 홍경래는 가짜 홍경래이다. 진짜 홍경래는 살아 있다."는 소문을 믿으며 곳곳에서 저항을 계속하지요. 물론 진짜 홍경래가 살아 있는지 죽었는지는 중요한 게 아니었어요. 새로운 세상을 꿈꾸는 농민들이 마음속으로 저항의 상징으로서 그의 이름을 기억하게 된 것이죠. 홍경래는 조선 후기 저항의 시대를 연 장본인으로 남게 됐습니다.

 스페셜뉴스 인물 포커스

서민들의 애환을 위로하다.
방랑 시인, 김삿갓

할아버지를 욕하는 시로 장원 급제 해서 너무 부끄러워.

　방랑 시인으로 알려진 김삿갓은 어렸을 때부터 글공부를 좋아하고 시 짓기를 잘하는 사람이었다고 해요. 그는 홀어머니의 부탁으로 과거 시험을 보러 갔는데, 글쓰기의 주제가 '홍경래의 난'과 관련이 있었지요. 반란군에 맞서 용감하게 싸우다가 죽은 정가산과, 무관임에도 불구하고 싸움을 포기하고 항복해 버린 김익순을 비교하라는 거였어요.

　김삿갓은 평소에도 정씨를 '빛나는 충신'이라고 존경해 왔으며, 반대로 김익순은 '백 번 죽여도 아깝지 않은 비겁자'라고 경멸해 왔어요. 그렇기 때문에 금방 글을 써 내려갈 수 있었답니다. 그리고 그 글로 과거에서 장원을 받았어요.

　집으로 돌아온 김삿갓이 어머니에게 자랑을 했는데, 이상하게도 어머니는 기뻐하지 않고 눈물을 흘렸어요. 그 이유를 묻자 어머니는 김익순이 바로 김삿갓의 할아버지였다는 충격적인 사실을 들려주었지요. 원래 김삿갓과 그의 어머니도 반역자의 자손으로 죽어야 했지만, 세도가 안동 김씨 집안이었던 탓에 할아버지만 죄를 받고 나머지 자손들은 무사할 수 있었던 거예요. 김삿갓은 그 이야기를 듣고 큰 절망감을 느꼈어요. 자신이 죄인의 손자인 것도, 할아버지를 욕하는 글을 써서 장원을 받은 것도 너무나 괴로운 사실이었기 때문이지요.

 홍경래 | 세도 정치를 타파하라

김삿갓은 자신이 하늘을 올려다볼 수 없는 죄인이라 생각하고, 넓고 큰 삿갓을 쓰고 다니기 시작했지요. 자신의 원래 이름인 김병연을 버리고 그때부터 김삿갓이라고 부르기 시작했어요. 그는 아내와 갓 태어난 아이, 홀어머니를 뒤로한 채 전국을 방랑하는 삶을 살게 됩니다.

"천리길을 지팡이 하나에 맡겼으니 남은 엽전 일곱 푼도 오히려 많다. 주머니 속 깊이 있으라고 다짐했건만 석양 주막에서 술을 보았으니 내 어찌하랴."

김삿갓은 전국 방방곡곡을 떠돌아다니며 수많은 시를 남겼습니다. 남의 집 문 앞에서 밥을 얻어먹는 서러움을 시로 쓰기도 하고, 술 한 잔 기울이며 아름다운 풍경을 바라보는 마음을 시로 남기기도 했어요. 또한 백성들의 어렵고 힘든 삶을 보며, 그들의 아픔을 위로하는 시를 쓰기도 했지요. 가진 것 없는 가난한 시인은 평생 동안 백성의 벗이 되어, 그들과 함께 기쁨과 슬픔을 나누고, 그들을 괴롭히는 부자들을 풍자하고 조롱하는 시를 썼답니다. 재치 있으면서도 사람들의 삶이 잘 녹아든 시를 많이 남겼지요.

홍경래의 난으로 인해 시작된 한 시인의 방랑은 결국 훌륭한 작품 세계로 남게 되었어요. 세도 정치 아래 어려운 삶을 살았던 백성들이 그의 시를 읽고 많은 위로를 받고 힘을 낼 수 있었겠지요?

죽*시(竹詩)

이대로 저대로 되어 가는 대로,
바람 부는 대로 물결치는 대로
밥이면 밥, 죽이면 죽, 이대로 살아가고
옳으면 옳거니, 그르면 그르거니 하고
손님 접대는 집안 형편대로 하고
시장에서 사고팔 때는 시세대로 하세.
세상만사 내 마음대로 안 되니
그렇고 그런 세상 그런대로 살아가세.

* 죽(竹)을 대나무 죽으로 해석하면 안되고 이두 문자처럼 쓰였기 때문에 시에서 쓰인 '대로'로 해석해야 해요.

 고종훈의 한국사 브리핑

인물 핵심 분석 ▶ 홍경래

QR 코드를 찍으면 고종훈 선생님의 강의를 볼 수 있어요.

시대 ▶ 1771년~1812년
별명 ▶ 욱경래, 프로항의남, 저항남
제일 싫어하는 말 ▶ 세도 정치, 차별
좌우명 ▶ 세상이 잘못 돌아간다면 바꿔야 한다.
내게 운명적 장소는? ▶ 정주성
꼭 하고 싶은 말은? ▶ 차별없는 세상을 꿈꾼다.
역사적 중요도 ▶ ★★★☆☆
시험 출제 빈도 ▶ 보통

세도 정치가 날로 심해졌어요.

정조 이후 순조부터 왕의 외척이나 왕비 가문의 사람들이 권력을 행사하는 세도 정치가 시작되었어요. 안동 김씨와 풍양 조씨 세력을 중심으로 외척 세력이 왕권을 능가하는 권력을 누렸지요. **관직을 사고파는 등 삼정의 문란이 심해지자 백성들의 고통도 그만큼 커지고 있었어요.**

평안도 사람들은 유독 차별을 많이 받았어요.

유독 평안도 사람들은 심한 차별에 시달렸어요. **평안도 출신의 사람들은 관직 진출이 힘들었으며 중국 사신 행차시 노동력과 비용을 부담하는 등 불이익을 받았어요.** 이런 이유로 평안도 사람들의 불만이 거세졌어요.

홍경래의 난이 일어났어요.

홍경래를 중심으로 평안도에서 난이 일어났습니다. **홍경래와 무리들은 정주성 싸움에서 관군에게 패배하고 말았어요.** 하지만 이 사건은 이후 농민 봉기에 많은 영향을 끼쳤답니다.

1 헤드라인 뉴스

강화도령, 왕이 되다

조선 왕실의 기대를 한몸에 받던 효명 세자가 죽은 후, 조선 왕실은 대가 끊길 위기에 처했습니다. 이때 왕실 어른들이 추천한 인물이 바로 강화도령인데요, 평민이나 다름없던 강화도령이 세도 정치 아래의 조정에서 잘 적응할 수 있을까요?

조선 후기 왕족의 계보는 여러 문제들로 인해 꼬이고 말았어요.

김역사 기자

원래대로라면 순조의 아들이었던 효명 세자가 왕위를 이었어야 했지만, 효명 세자는 갑작스럽게 일찍 세상을 떠나고 말아요. 게다가 8세의 어린 나이로 왕위에 올랐던 헌종은 뒤를 이을 아들을 낳지 못하고 죽었지요. 하루아침에 대가 끊겨 버린 조정에서는 왕손 후보를 찾느라 고심이었어요. 이때 왕실의 어른인 순원 왕후와 세도가에서 요구하는 왕이 될 수 있는 조건이란 좀 우스꽝스러웠어요.

첫째, 배운 것이 별로 없고 멍청한 사람일 것.

둘째, 존재감과 영향력이 별로 없을 것.

한 나라의 왕을 뽑는데 어떻게 이럴 수가 있냐고요? 어차피 나라의 권력을 쥐고 흔들고 싶은 신하들에게는 똑똑하고 잘난 왕이 필요가 없었거든요. 그들은 전국 각지에 있는 여러 왕손 후보들 중에 조건에 가장 어울리는 사람을 찾아냈어요. 강화도에서 살고 있던 이원범이었지요. 그는 정조의 이복동생인 은언군의 손자였어요. 가문이 역모에 휘말리면서 몰락해 제대로 공부도 못 하고, 부모가 죽은 후에는 고아처럼 강화도에서 농사나 지으며 살고 있었답니다.

강화도를 향해 새 왕을 모시러 가는 날까지 신하들은 왕의 얼굴조차 모르고 있었어요. 철종의 입장에서는 더 황당했겠지요? 평소처럼 밭에 나와 일하고 있는데 궁궐에서 구름떼처럼 많은 사람들이 몰려와 자신을 찾자 혹시 자신도 역모에 휘말린 것은 아닐까 생각했을 거예요.

이런 사람을 왕으로 모시고 가면서 안동 김씨 집안도 조금 미안했나 봅니다. 철종을 데리러 가던 날 하늘에서 오색 무지개가 떴다는 식의 소문을 퍼뜨리며 철종을 띄워 주려 애썼죠. 오래전 철종의 친척들이 역모에 휘말리거나 천주교 신자라는 이유로 사형을 당하는 일도 있었던 터라 순조의 비인 순원 왕후 김씨는 철종을 자신의 아들로 족보에 이름을 올립니다.

평민으로 살아가던 **강화도령**은, 어느 날 눈을 떠보니 한 나라의 왕인 철종이 되어 있었던 거예요. 왕이 된 철종에게는 적응해야 하는 일들이 한두 가지가 아니었어요. 왕족들이 쓰는 말, 왕족들이 입는 옷, 복잡한 예법과 절차들에 숨이 막혔지요. 막강한 권력을 쥔 순원 왕후와 대신들을 상대하는 일도 만만치 않았습니다. 신하들의 질문에 어떤 대답을 해야 할지 몰라 아무 말도 하지 못할 때도 있었죠. 철종은 자신의 의지로 왕이 된 것도 아닌데 그저 시키는 대로만 해야 하는 답답한 삶을 살아야 했어요.

강화도령

훗날 철종이 된 이원범은 사도 세자의 서자였던 은언군의 후손이었어요. 모반 사건에 휘말려 강화도에서 농사를 지으며 유배 생활을 하던 중 안동 김씨 세력에 의해 순조의 양자가 되면서 헌종에 이어 철종이 되지요. 한성의 양반가에서는 그를 비꼬아 '강화도령'이라고 불렀어요.

철종이 왕위에 오르자마자 순원 왕후는 안동 김씨 가문에서 신붓감을 골라 왕비로 삼았어요. 순조와 헌종에 이어 철종까지 모두 안동 김씨 가문의 부인을 맞이하게 된 것이죠. 그야말로 안동 김씨의 시대라 해도 과언이 아니에요. 백성들은 굶주림에 시달려 죽어 가는데도 안동 김씨 가문 사람들은 뇌물을 받기도 하고, 환곡으로 돈을 모아 호화롭게 살았어요. 삼정의 문란에 대해서는 지난 홍경래 뉴스 때 보여 드렸으니 이미 잘 아실 거라 생각합니다. 결국 참다못한 농민들이 반란을 일으키게 되었어요. **진주 농민 봉기**를 시작으로 한 해 동안 전국에서 농민들이 조정에 거세게 항의하는 임술 농민 **봉기**가 일어난 거예요.

진주 농민 봉기
경상도 진주에서 일어난 농민 봉기예요. 삼정의 문란으로 인한 가혹한 수탈에 맞서 몰락 양반과 농민들이 합세하여 반란을 일으키고, 진주성을 점령한 사건입니다.

봉기
벌떼처럼 떼 지어 세차게 일어남

삼정이정청
철종 때 삼정의 문란을 바로잡기 위해 임시로 설치한 관청

비록 꼭두각시 왕이긴 했지만, 강화도에서 농사를 지으며 백성들의 삶을 가까이에서 지켜봤던 철종은 이런 문제에 대해서만큼은 의견을 밝히고 싶었고, 잘못된 제도를 고치고도 싶었어요. 백성들의 괴로움을 덜어 주기 위해 나름대로 몇몇 정책을 시행하기도 했답니다.

그러다가 철종은 본격적으로 삼정의 문제를 해결해야겠다는 결심을 하고 **삼정이정청**이라는 기구를 설치하게 돼요. 그리고 백성을 가장 힘들게 하는 문제인 환곡을 바로잡으려 했어요. 그래서 곡식을 꾸어 가면 추수한 다음에 바로 이자를 붙여서 갚아야 했던 것을 3년이라는 시간을 주고 천천히 갚게 만들었지요.

그러나 철종의 정책은 제대로 시행되지 못했어요. 관리들이 다 안동 김씨들인데, 자신들에게 불리한 정책을 시행할 필요를 못 느꼈겠지요. 토지를 가장 많이 가지고 있는 이들이 토지에 세금을 매기는 제도를 찬성할 리가 있겠어요? 심지어 탐관오리로 악명 높은 백낙신이 감옥에서 풀려

나자 다시 부유한 지방의 지방관으로 발령이 날 정도였어요.

순원 왕후가 세상을 떠난 후 철종은 제대로 된 왕의 역할을 해 보려고 노력했어요. 안동 김씨의 반대 세력을 궁궐에 끌어들이기도 하고, 자신이 왕이 된 이후에 생겨난 서원의 문을 닫게도 했어요. 서원이 조상들에게 제사를 지내는 곳이라는 원래의 목적 대신, 세금을 내지 않으면서 이득을 취하는 기관으로 바뀌었기 때문이에요.

그러나 당시 세도 정치의 부정부패는 한 사람의 왕이 해결하기 힘들 정도로 사회 곳곳에 깊숙이 뿌리내려 있었어요. 평범한 농사꾼에서 왕의 자리에 올라 몇몇 개혁을 시도하기도 했지만 결국엔 아무것도 제대로 할 수 없었던 힘 없는 왕, 철종. 14년 동안 왕으로 살았지만 결국 또다시 후손을 낳지 못하고 33세의 젊은 나이에 세상을 떠나고 말았답니다.

온 나라에 뜨거운 불씨를 지핀
진주 농민 봉기

시청자 여러분 안녕하십니까? 김역사 기자입니다. 이곳은 지금 '진주 농민 봉기'가 일어난 현장인데요, 임술 농민 봉기가 바로 진주 농민 봉기에서 시작되었다고 해도 과언이 아닙니다. 임술년인 1862년 2월, 경상남도 진주에서 시작된 농민 봉기는 전라도, 충청도, 심지어는 제주도에까지 번져 1862년 한 해 동안 전국 71곳에서 농민 봉기가 일어났습니다. 진주 농민 봉기의 주역들을 한 번 만나 보시죠.

진주의 지방관 백낙신
온갖 핑계와 이유를 대서 백성들에게 세금을 걷어 자신의 욕심을 채우는 탐관오리였어요. 심지어 죽은 사람의 이름으로도 세금을 걷는 끔찍한 일을 저질렀죠. 백성들의 돈을 강제로 빼앗을 수 있다면 모든 방법을 다 동원했어요.

몰락 양반 유계춘
이런 끔찍한 현실을 나라에 항의하기도 했지만 늘 무시를 당하자, 현실을 바꿀 수 있는 것은 무력 항쟁뿐이라며 뜻을 함께하는 사람들을 모았어요. 그러다 옆 고을인 단성에서 먼저 농민 봉기가 발생하자 힘을 얻었지요. 선전문을 각 고을에 나눠 주고 한글 노래를 만들기도 하는 등 백성들에게 그들이 처한 현실을 알게 하고 반란에 참여할 것을 권했어요.

철종 | 민란의 시대

진주 농민 봉기에 참여한 사람들

모두들 머리에 흰 수건을 두르고 손에는 몽둥이나 농기구를 든 모습이었어요. 진주성으로 진격하는 이들의 모습을 보고 이웃 주민들까지 합세하여 수만 명의 인원이 되었죠. 이들은 문제를 일으킨 백낙신으로부터 더 이상 부정한 방법으로 세금을 걷어 백성을 힘들게 하지 않겠다는 약속을 받아냈어요. 그리고 부정한 짓을 저지른 관리들을 불에 태워 죽이거나, 비난을 받았던 돈 많은 양반들을 습격하기도 했어요.

정부에서 보낸 관리, 박규수

백성의 분노가 쉽게 가라앉지 않자, 나라에서는 박규수라는 관리를 파견해 수습하려 했어요. 또한 백낙신을 내쫓고 반란을 일으킨 주동자들을 체포하여 처형했지요. 박규수는 철종에게 백성들의 현실을 알리는 상소문을 올렸어요. 철종이 왕으로서 작은 움직임이나마 보여 줄 수 있었던 것은 백성들의 힘을 보았기 때문일 거예요.

> 진주 농민 봉기를 시작으로 전국에는 쉴 새 없이 농민 봉기가 일어났습니다. 하지만 조정에서 새 관리를 파견하면서 달래면 농민들이 금방 물러섰어요. 농민들이 좀 더 단결된 힘으로 세도 정치를 물리쳤더라면 이후 조선은 다른 모습으로 바뀌었을지 모를 일이죠. 안타까운 현장에서 이상 김역사 기자였습니다.

스페셜뉴스 인물 포커스

효명 세자와 신정 왕후

안녕하십니까? 혹시 효명 세자를 아십니까? 조금은 낯선 이름일 텐데요, 조선 후기 왕실의 기대를 한몸에 받았던 분이라고 합니다. 오늘은 효명 세자와 그의 부인인 신정 왕후에 대해 알아보겠습니다.

순조의 아들 효명 세자는 어렸을 때부터 시를 잘 썼어요. 지금도 남아 있는 시들에는 자연의 아름다움과 누이들에 대한 사랑을 담고 있는 것들이 많아 성품이 무척 따뜻한 사람임을 보여 주고 있지요. 어려서부터 왕세자 교육을 받은 효명 세자는 19세의 나이에 건강이 나빠진 순조를 대신해 대리청정을 시작했어요. 인사권을 포함한 모든 권한을 넘겨받아 거의 왕과 다름없는 권력을 행사했어요.

대리청정을 하면서 아버지와 거리가 멀어졌던 사도 세자와는 달리, 순조는 아들을 전적으로 믿고 지원해 주며 왕 수업을 받을 수 있도록 해 주었지요. 효명 세자는 아무리 일이 많아도 미루지 않고 바로 처리했으며, 대부분 정확한 판단을 내렸지요. 순조의 시대가 10년이 흐르며 자세가 흐트러졌던 신하들은 효명 세자를 보며 바짝 긴장했고, 훌륭한 왕이 탄생할 것 같다며 즐거워했어요.

효명 세자는 책도 즐겨 읽었지만 예능 쪽으로도 아주 재주가 많았어요. 그가 어머니와 아버지를 위해 만든 음악과 춤은 현재 궁중 예술을 대표하고 있을 정도예요. 그러나 조선 왕실의 기대를 한몸에 받던 효명 세자는 어느 날 갑자기 피를 쏟으며 쓰러진 후 다시 일어나지 못했고, 조선은 준비된 왕을 잃어야 했지요.

철종 | 민란의 시대

신정 왕후 조씨는 효명 세자의 부인으로 12세에 세자빈이 되었어요. 남편인 효명 세자는 훌륭한 대리청정 능력을 보였고, 세자빈 시절 신정 왕후는 왕실에서 효성 깊기로 칭찬이 자자했지요. 또한 아들 헌종까지 낳아 시아버지 순조의 기쁨은 대단했어요.

하지만 어느 날 갑자기 남편이 죽었고, 어린 아들이 왕위에 올랐지만 시어머니인 순원 왕후가 살아 있어 아무런 힘이 없었어요. 헌종과 철종 시절 힘없이 물러나 있던 신정 왕후에게 기회가 왔어요. 순원 왕후가 죽은 뒤 철종이 후사없이 죽자 왕위 계승권을 갖게 되었거든요.

야무진 성격의 신정 왕후는 나라를 위해 안동 김씨 세력을 쳐내야 한다는 걸 알고 있었어요. 그런 역할에 어울리는 사람은 바로 흥선 대원군이었죠. 흥선 대원군의 둘째 아들(고종)을 자신의 아들로 호적에 올린 것은 큰 의미가 있어요. 왕실의 정통성을 남편인 효명 세자에게서 찾겠다는 의지인 거죠.

고종이 왕위에 오른 후 신정 왕후는 수렴청정을 하면서 조용하지만 강한 정책을 실시했어요. 모든 업무를 흥선 대원군에게 넘기는 것처럼 보였지만, 사실 경복궁 중건이나 세금 문제 등의 개혁을 시작한 거예요. 이런 것들은 모두 남편 효명 세자가 하려고 했던 일들이었죠. 최고의 자리에서 남편의 뜻을 뒤늦게나마 이룬 거예요.

고종훈의 한국사 브리핑

인물 핵심 분석 ▶ 철종

QR 코드를 찍으면 고종훈 선생님의 강의를 볼 수 있어요.

- 시대 ▶ 1831년~1863년
- 재위 기간 ▶ 1849년~1863년
- 별명 ▶ 강화도령, 농사왕, 꼭두각시
- 나의 비밀은? ▶ 쉿, 사실 글을 읽지 못해요.
- 왕이 되고 드는 생각은? ▶ 농사가 훨씬 맘이 편해!
- 나를 표현한다면? ▶ 하루아침에 왕이 되었어요!
- 역사적 중요도 ▶ ★★★☆☆
- 시험 출제 빈도 ▶ 보통

철종은 갑자기 왕위에 오르게 되었어요.

철종은 사도 세자의 먼 후손으로, 글도 익히지 못한 채 평민의 삶을 살고 있었어요. **자신들의 권력을 유지하고 싶었던 안동 김씨 세력은 자신들이 휘두를 수 있는 왕을 세우고자 했어요.** 그래서 철종은 강화도에서 농사를 짓다가 갑작스럽게 왕이 되었지요.

세도 정치가 극에 달하고 있었어요.

안동 김씨 세력은 철종을 안동 김씨 가문의 여인과 혼인시켰어요. 그리고 여전히 권력을 잡고 휘둘렀지요. 그 결과 **안동 김씨 세력의 부패로, 삼정의 문란이 극에 달해 백성의 생활은 매우 어려워졌습니다.**

전국적으로 많은 민란이 일어났어요.

철종 대에 농민 봉기가 가장 많이 일어났습니다. **참다 못한 농민들은 진주 농민 봉기를 시작으로, 전라도, 충청도, 심지어 제주까지 전국에 걸쳐 농민 봉기를 일으켰어요.**

17 고종

근대화의 격동기

시대 1852년~1919년　재위 기간 1863년~1907년

말풍선:
- 조선은 내거야!
- 조선은 자주국이야! 누구에게도 자주권을 넘겨주지 않겠어!
- 청에게도 조선은 중요하지! 어디 일본에게 넘겨줄 것 같아?
- 이제 곧 우리가 조선을 먹을 거야.
- 겉으론 친해 보이지만 다들 꿍꿍이가 있어 보이지 않아?
- 그러게 말이야…

깃발: 러시아, 조선, 청, 일본
현수막: 동아시아 정상회담

타임라인 뉴스

1852	1863	1876	1882	1897	1919
흥선군의 둘째 아들로 태어나다	제26대 임금으로 즉위하다	강화도 조약을 체결하다	임오군란이 발생하다	대한 제국의 수립을 선포하다	덕수궁에서 잠들다

1 헤드라인 뉴스

철종이 **승하**한 지 5일 만입니다. 드디어 새 왕이 정해졌다고 하는데요, 왕실의 큰 어른 대왕 대비 조씨는 흥선 대원군의 아들 명복(고종의 이름)을 왕으로 정했다고 합니다. 왕위 계승 서열에서 한참 밀려나 있던 고종이 왕에 오르게 된 것은 참으로 뜻밖입니다.

조선 왕조는 24대 헌종까지는 그럭저럭 이어져 왔습니다.

김역사 기자

효종 이후 왕자가 태어나는 일이 드물었죠. 헌종 이후로는 정말로 대가 뚝 끊겨 버리고 말았어요. 왕실에서는 왕실의 혈통을 가진 이라면 누구라도 찾아 나서야 할 판이었어요. 왕실 족보를 거슬러 올라가 사도 세자와 후궁 사이에서 낳은 아들들의 자손이 후보로 올라올 정도였어요. 강화도에서 농사를 짓고 있던 철종이 왕위에 올랐지만 역시 아들을 낳지 못하고 죽었죠.

이번에는 인조 아들의 후손 중에서 어렵게 적당한 사람을 찾았어요. 바로 **남연군**의 손자인 고종이죠. 그 뒤에는 아들을 왕위에 올리기 위해 끊임없이 노력했던 고종의 아버지 흥선 대원군이 있었어요. 흥선 대원군과 효명 세자의 아내였던 대왕대비 조씨가 뜻을 합친 거예요.

대왕대비 조씨는 고종을 자신의 양자로 족보에 올린 후 왕위를 잇게 했어요. 대왕대비 조씨는 당시 큰 세도를 누리던 풍양 조씨 가문 출신이었죠. 풍양 조씨는 안동 김씨와 더불어 외척으로서 큰 세도를 누렸어요. 두 가문의 세도 정치로 조선 백성들의 삶은 파탄에 빠졌고, 조정의 정치 또한 말이 아니었어요.

대왕대비 조씨는 점점 더 세력이 커져가는 안동 김씨를 그냥 놔두어서는 안 되겠다고 생각하던 중이었고, 마침 자신에게 기회가 왔어요. 여지껏 왕실의 어른 역할을 하던 안동 김씨 출신의 여자들이 모두 죽고 대왕대비 조씨가 왕권을 이을 사람을 뽑을 수 있는 순간이 온 거지요.

이런 정치 상황을 꾸준히 바라보며 계획을 세우고 있던 사람은 다름 아닌 고종의 아버지 흥선 대원군이었어요. 흥선 대원군은 안동 김씨 집안이 자신을 똑똑한 사람이라고 생각하지 않도록 허투루 행동했어요. 안동 김씨는 왕위를 이을 신분 중 조금이라도 왕의 자질이 있어 보이는 왕족은 모조리 반역죄를 뒤집어 씌워 죽였거든요. 그래야 자신들 마음대로 나라를 주무를 수 있으니까요. 이러한 상황에서 왕권과 제법 가까운 자리에 있었던 흥선 대원군이 택한 목숨을 부지하는 방법은 건달 행세를 하는 것이었어요.

세도가의 눈을 피해 발톱을 숨기고 있던 흥선 대원군은 대왕대비 조씨와 손잡고 12세의 어린 아들을 왕위에 올리고는 본격적으로 능력을 발휘하기 시작했어요. 그래서 고종은 왕이 되었지만 정치를 직접 하지는 못했어요. 언제나 아버지의 뜻을 따라야 했지요. 수렴청정을 하는 대왕대비 조씨와 아버지 흥선 대원군 앞에 선 인형 같은 왕의 모습이 초기 고종의 모습이에요.

승하
왕이나 존귀한 사람이 세상을 떠남을 높여 이르던 말

남연군
흥선 대원군의 아버지로, 인조의 셋째 아들이었던 인평 대군의 후손이었어요. 사도 세자의 서자 은신군의 양자가 되면서 남연군이 되었지요.

2 인물 초대석

생방송한국사

흥선 대원군과 고종의 갈등

이제 고종이 아버지 흥선 대원군의 그늘을 떠나려 하는 걸까요? 요즘 정치계에서는 고종과 흥선 대원군의 사이가 예전 같지 않다는 말이 자주 나오고 있다고 합니다. 두 분을 직접 모시고 알아보겠습니다.

흥선 대원군

아들은 내가 자신의 앞길을 막는, 권력에 눈이 먼 사람으로만 알고 있어서 정말 억울합니다. 게다가 부인인 중전 민씨의 치마폭에 싸여 중전이 하자는 대로 하고 있어요. 애초에 내가 아니었으면 왕의 자리에 오르지도 못했을 녀석인데 말이죠.

제 생각은 이렇습니다. 조선을 찾아온 서양과의 교류는 절대 막아야 해요. 그들이 강제로 조선의 문을 열어 이득만 쏙 뽑아 갈 게 뻔하거든요. 기계로 만든 서양 물건과 손으로 만든 조선 물건이 경쟁하면 사람들은 값싼 서양 물건을 고르게 될 테고, 나라 경제가 망가지는 건 당연한 이치 아니겠습니까? 또 하는 짓거리들을 보세요. 어떻게 내 아버지의 묘를 파헤치냐고요. 저는 이런 예의범절도 모르는 야만인으로부터 조선을 지키려 하는 겁니다.

고종 | 근대화의 격동기

게다가 교류를 하고 싶어도 지금은 적당한 때가 아니라고 생각해요. 안동 김씨와 풍양 조씨의 세도 정치가 남긴 문제점으로 사회 전체가 혼란스러운 마당에 낯선 서양과 교류하는 것보다 민심을 수습하고 백성의 생활을 돌보는 것이 우선이 아닐까요?

고종

제가 볼 때 아버지는 자신의 정치 기반을 놓치기 싫어서 통상 수교 거부 정책을 주장하시는 것 같아요. 과연 나라의 문을 잠그고만 있다고 해서 문제가 해결될까요? 세상은 급박하게 돌아가고 있는데 조선은 세상일에 눈과 귀를 닫고 있어요. 지금이라도 외국의 발전된 문화를 받아들여 조선도 근대화를 이루어야 합니다.

저는 아버지의 생각과는 반대로 외국과 수교를 맺자는 개화 세력의 주장에 찬성해요. 그래서 제 뜻을 펼치기 위해 아버지의 지지자를 내쫓고, 저를 지지하는 사람들로 조정을 채웠죠. 또한 제 아내는 국제 정세를 보는 눈이 밝고 시대의 변화에 발 빠르게 대응할 줄 아는 현명한 여자입니다. 힘없는 조선이 주변 강대국들 사이에서 살아남으려면, 다른 강대국의 힘을 빌리고 그들을 이용해야 한다는 방법 역시 제 아내의 생각이라니까요.

흥선 대원군의 말을 들으면 그 말이 맞는 것 같고, 또 고종의 말을 들으면 그 말도 맞는 것 같습니다. 여러분은 어떻게 생각하십니까? 어려운 상황의 우리 백성을 지키기 위해 통상 수교를 거부해야 할까요, 아니면 빨리 발전해 주변 나라로부터 안전을 지키기 위해 개화를 해야 할까요?

3 헤드라인 뉴스

생방송 한국사

고종, 대한 제국을 선포하다!

여러분, 조선은 더 이상 청의 신하 나라가 아닙니다. 고종이 대한 제국을 세우면서 고종 황제가 되었습니다. 이제 조선도 청처럼 황제 국가가 된 것입니다. 하지만 황제 즉위식을 올리고 있는 고종의 얼굴이 그리 밝지만은 않군요.

고종의 시대는 나라 안팎이 모두 혼란스러웠어요.

김역사 기자

안으로는 차츰 응큼한 속내를 들어내는 일본이 목을 조이기 시작했고, 밖으로는 강대국이 힘없는 나라에 쳐들어가 식민지를 삼는 것이 유행처럼 번지고 있었지요.

조선은 이미 여러 나라의 간섭을 받고 있었어요. 일본과 청, 러시아가 호시탐탐 조선을 노리고 있었기 때문이에요. 그러다 고종의 부인인 명성 황후가 외교 문제로 강대국들 사이에서 줄다리기를 하던 중 일본의 눈 밖에 나서 비참하게 살해되는 일도 있었습니다.

고종은 조선을 강력한 나라로 만들고자 마음을 가다듬고, 대한 제국을 선포했어요. 그리고 자신은 황제의 자리에 올랐지요. 고종은 대한 제국이 외세의 침략을 물리치고, **자주권**을 가진 한 나라로 우뚝 서길 바랐던 거예요.

고종은 명성 황후의 장례도 늦춰가면서 황제국으로서의 조선을 위해 노력하지요. 고종은 외세의 침략에 맞서기 위해 그들에게 조선의 강력한 모습을 보여 주려고 했어요. 도시를 정비하고, 낡은 유교 문화를 버렸으며, 서양에서 철도나 전화기 같은 신문물을 들여오고자 했지요.

또한 근대적인 교육 제도인 학교를 세우고, 공장이나 회사를 만들어 상공업이 발달할 수 있도록 노력하기도 했어요. 하지만 고종에게는 한계가 있었어요. 서양 여러 나라들은 신분제가 무너지고 평등한 사회가 되면서 큰 성장을 이룰 수 있었지만, 고종은 거의 모든 제도는 그대로 유지하면서 형식적이고 눈에 보이는 것만 바꾸려 했거든요. 조선에 가장 필요한 개혁은 하지 못한 거예요.

그러다가 일본이 청일 전쟁과 러일 전쟁에서 승리하면서 결국 조선을 둘러싼 강대국들 사이의 세력 균형은 무너지게 되었어요. 일본이 조선을 침략할 기회를 독차지하게 된 거예요. 일본은 여러 번에 걸친 조약을 강제로 맺으며 차츰차츰 조선을 파먹어 들어갔어요. 결국 1905년에는 대한 제국의 외교권을 빼앗는 **을사늑약**을 맺었지요. 이제 세계를 향해 조선의 입장을 말할 수 있는 나라는 조선이 아니라 일본이 된 거예요.

고종은 조선을 일본의 손아귀에서 빼내기 위해 만국 평화 회의가 열리는 네덜란드 헤이그에 **특사**를 보내 일본의 침략과 불평등 조약의 부당함을 폭로하려 했지만, 특사들은 회의에는 참석하지도 못한 채 실패하고 말았지요. 이 사실을 알게 된 일본은 헤이그 특사 사건을 구실로 고종을 강제로 황제의 자리에서 물러나게 하고 순종을 황제로 세웠어요. 이후 조선은 일본의 식민 지배를 받는 불행한 역사를 겪게 되지요.

자주권
국가가 스스로 주인이 되어 국가와 관련된 문제를 해결할 수 있는 권리

을사늑약
1905년 을사년에 러일 전쟁에서 승리한 일본이 대한 제국의 외교권을 박탈하기 위해 강제로 체결한 조약이에요. '늑약'이란 억지로 맺은 조약을 뜻하는 말이에요.

특사
특별한 임무를 띠고 파견하는 사절

 스페셜뉴스 그때 그 물건

조선에 들어온 신문물을 소개합니다!

최근 조선에 들어온 서양 세계의 다양한 신문물로 백성들이 정신을 차릴 수가 없다는 소식입니다. 그중에서 조선 사람들을 가장 놀라게 한 대표적인 문물에 대해 알아볼까요?

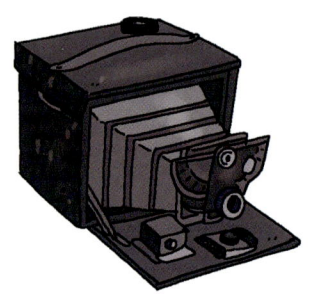
▲ 카메라

"가운데에 눈알처럼 생긴 동그란 것은 뭔가요?"
카메라를 본 백성들의 눈이 휘둥그레집니다. 사람을 향해 비추기만 해도 저절로 그림이 되는 마법 상자라니 그저 놀랍기만 한 거죠. 호기심 반, 놀라움 반으로 쳐다봅니다.

▲ 전화기

카메라만큼이나 백성들을 놀라게 한 물건이 또 있습니다. 멀리 떨어진 사람들의 목소리를 들을 수 있게 해 주고, 말을 전해 주는 기계는? 맞습니다! 바로 전화기예요. 전화의 영어 이름인 '텔레폰'을 우리식으로 불러 '덕률풍'이라고 불렀지요. 1902년 3월에 처음 서울에서 인천 사이의 전화 통화가 이루어졌지요.

▲ 커피, 우동 등의 음식

서양의 차인 커피도 들어왔어요. 고종 황제도 덕수궁에서 즐겨 마시던 것으로 유명하지요. 우리나라에선 커피를 '가비차'라고 불렀다고 해요. 중국에서는 탕수육, 짜장면, 호떡이 들어오고, 일본에서는 어묵, 우동이 들어옵니다. 손탁 호텔에는 서양 음식을 먹을 수 있는 레스토랑도 생겼지요.

▲ 머리 모양과 의복

거리에는 양복과 한복을 혼합해서 입거나 짧은 개량 한복 치마를 입은 여인들이 돌아다니기 시작했고, 남자들은 상투를 자르고 서양식 머리를 하기 시작했어요. 서양식 주택이나 스포츠가 들어오기도 했습니다.

외국의 물건들만 전해진 건 아니에요. 서양의 제도도 들어와 조선 사회에 퍼지기 시작했죠. 가장 큰 변화는 기존에 있던 유교적인 전통이 사라지고 있다는 점이에요. 이미 순조 때 공노비를 해방하긴 했지만, 갑오개혁 때는 노비 제도를 비롯한 신분 제도가 완전히 사라지게 되었죠. 또한 과거 제도가 사라지고 신분과 관계없이 인재를 뽑을 수 있도록 바뀌었어요. 그러나 머리를 짧게 자르라는 단발령은 선비들의 반대가 만만치 않았어요. 부모님이 물려주신 몸에 함부로 손을 대는 것은 불효라며 거부했죠.

소학교, 중학교, 사범학교, 외국어 학교 등 다양한 학교들이 생겨났고, 근대적인 재판소와 근대적인 은행도 세워졌어요. 철도, 전차, 통신 시설을 확장해 효율적으로 운송하고 정보를 전달할 수 있는 기반도 마련되었어요.

이 무렵 독립신문이 발간되고 독립 협회가 세워지는 등 우리의 문화와 제도를 근대화하면서도 강대국들의 영향에서 벗어나 독립하고자 하는 변화는 계속되었답니다.

 고종훈의 한국사 브리핑

인물 핵심 분석 ▶ 고종

QR 코드를 찍으면 고종훈 선생님의 강의를 볼 수 있어요.

시대 ▶ 1852년~1919년
재위 기간 ▶ 1863년~1907년
별명 ▶ 파파보이
요즘 가장 고민되는 것은? ▶ 아내가 너무 좋은데 아버지 눈치가 보여요!
연관 검색어 ▶ 명성 황후, 대한 제국, 흥선 대원군
역사적 중요도 ▶ ★★★★☆
시험 출제 빈도 ▶ 높음

흥선 대원군의 둘째 아들인 고종이 왕위에 올랐어요.

안동 김씨 세력을 견제하려던 신정 왕후 조씨가 흥선 대원군과 손잡고 흥선 대원군의 둘째 아들을 왕으로 세웠어요. 고종은 나이가 어려 정치는 아버지인 흥선 대원군이 주로 하였지요.

고종은 개화 정책을 펼쳤어요.

성년이 되어 아버지의 그늘에서 벗어난 고종은 아버지의 반대에도 불구하고 아내인 명성 황후와 손잡고 개화 정책을 적극적으로 펼쳐 나갔어요. 그러나 세계사의 소용돌이 속에서 을사늑약을 체결하면서 대한 제국의 외교권을 잃어버린 결과를 불러오고 말았어요.

고종은 대한 제국의 황제가 되었어요.

고종은 조선이라는 국호를 버리고 대한 제국을 열었어요. 새 나라에서 개혁을 실시하려 했지만 안타깝게도 힘이 부족하였지요. 결국 헤이그 특사 사건을 계기로 고종은 일본에 의해 황제 자리에서 쫓겨났습니다.

18 흥선 대원군

문을 닫아 나라를 보호하라

시대 1820년~1898년

타임라인 뉴스

1820 남연군의 넷째 아들로 태어나다

1863 고종을 대신해 정치를 주도하다

1865 경복궁 중건을 시작하다

1866 병인양요에서 승리하다

1871 신미양요에서 승리하다

1898 사망하다

1 헤드라인 뉴스

생방송 한국사

세도 정치에 맞서 왕권을 강화하라!

어린 나이에 아버지 흥선 대원군에 의해 왕의 자리에 오른 고종. 하지만 지금 신하들은 고종이 아니라 흥선 대원군의 입을 주목하고 있습니다. 과연 그는 세도 정치에 맞서 새로운 조선을 만들 수 있을까요?

흥선 대원군은 왕권을 강화하기 위해 여러 가지 개혁을 추진하였습니다.

김역사 기자

권력을 잡은 흥선 대원군이 해결해야 할 문제는 두 가지였습니다. 하나는 세도 정치로 엉망이 된 나라를 다시 일으켜 세우는 것이었고, 또 하나는 세계사의 흐름에 맞춰 조선을 발전시켜야 한다는 것이었죠. 이 두 문제를 해결하는 과정에서 그는 개혁적인 정치가로 평가받기도 하고, 변화해야 할 때를 놓친 실패한 권력자로 평가받기도 해요.

세도 정치에 맞선 흥선 대원군은 그야말로 과감했어요. 안동 김씨가 주름잡던 조정에서 단칼에 그들을 정치판에서 몰아냈지요. 의정부 대신 세도 정치를 이끌어 가던 정치 조직인 비변사의 기능을 축소하고 의정부의 기능을 부활시킨 사람이 바로 흥선 대원군이에요. 백성들을 보살피는 것도 시급했어요. 뇌물을 바치고 관리가 된 사람들은 뇌물로 바친 돈을 뽑아내기 위해 농민들을 쥐어짜서 백성들은 죽지 못해 산다고

212 흥선 대원군 | 문을 닫아 나라를 보호하라

할 지경이었어요. 세금 제도 또한 엉망이라 백성들의 삶을 더욱 힘들게 했죠. 꾸어 간 곡식보다 몇 배로 되갚아야 하는 환곡이 가장 큰 문제였어요. 흥선 대원군은 마을에서 공동으로 운영하는 **사창**이라는 곡식 창고를 직접 운영해 저렴하게 곡식을 빌려주는 방법으로 그 문제를 해결했답니다.

가장 획기적이었던 것은 **호포제**를 드디어 시행했다는 거예요. 호포제란 모든 집집마다 똑같이 세금을 내는 것이라 생각하면 돼요. 양반, **서리**, 관료, 유생 신분을 가리지 않고 전부 다 세금을 내야 한다는 것이죠. 가장 중요한 것은 그동안 군역을 면제받아왔던 양반들에게 군포를 내도록 한 것이에요. 결국 양반들의 저항을 이겨내고 그들에게 세금을 걷는 데 성공했답니다.

조선의 어떤 왕도 해내지 못했던 혁신적인 개혁을 왕의 아버지인 흥선 대원군이 해낸 거예요. 당연히 흥선 대원군의 개혁 정치는 양반 사회를 놀라게 했고, 하층민들에게는 기쁨을 주었죠. 상류층으로서 특권만 누릴 줄 알았지, 국가의 경제를 짊어질 의무와 부담을 평민들에게 떠넘겼던 양반들은 흥선 대원군이 원망스럽게 느껴졌을 거예요. 그러나 양반들이 세금을 일부 부담하게 되면서 나라의 창고가 풍족해지고 백성들의 고통이 줄어들었어요.

또한 흥선 대원군은 오랜 세월 부정 시험으로 얼룩져서 있으나마나 한 과거제를 개혁하고, 서원을 대폭 줄였어요. 원래 서원은 선비들이 제사를 올리고 교육 활동을 하던 곳이었지만, 후에는 나라에서 주는 노비, 군역 면제 등의 혜택만 챙기고 당파 싸움만 하는 곳으로 변해 버렸죠. 당시

사창
조선 시대 각 지방의 사(행정 단위로 지금의 '면'에 해당)에 두었던 곡물 대여 기관

호포제
포(옷감)를 가구(호) 단위로 걷는 세금 제도예요. 신분을 가리지 않고 무조건 호 단위로 걷어 양반도 군포를 내게 했어요.

서리
조선 시대에 중앙 관아에 속해 문서의 기록과 관리를 맡아보던 사람

서원 철폐

흥선 대원군은 국가 재정의 낭비와 당쟁의 요인을 없애기 위해 모범적인 47개 서원을 제외한 전국의 서원을 없애 버렸어요. 양반들의 불만에 대원군은 '진실로 백성을 해치는 것은 공자가 살아난다고 하더라도 용서하지 않을 것이다.'라며 단호하게 대처했어요.

당백전

조선 말 흥선 대원군이 경복궁 중건 비용 등을 마련하기 위해 발행한 화폐예요. 말 그대로 당시 통용되던 상평통보보다 100배 정도에 해당한다는 의미로 만든 돈이에요. 실제로는 5~7배 차이 밖에 나지 않았어요. 하지만 이로 인해 물가가 급등해 서민 경제가 매우 어려워졌어요.

서원은 전국에 700여 개가 넘었지만, 흥선 대원군은 47개의 중요한 서원을 제외한 모든 **서원을 철폐**하는 데 성공했습니다.

　흥선 대원군의 개혁 정치는 비정상적으로 커진 세도 정치를 막기 위해 신하들의 힘을 막고 왕의 힘을 강하게 만드는 방향으로 흘러갔습니다. 그리고 왕실의 위엄을 세우기 위해 경복궁을 새로 짓기로 결정하였죠. 임진왜란 때 파괴된 이후로 다시 짓지 못한 경복궁. 한동안 조선의 임금들은 경복궁 외의 궁궐들을 옮겨 다니며 나랏일을 봐야만 했어요. 이런 불편을 감수하면서도 새로 궁궐을 짓는 것을 망설였던 까닭은 너무 많은 시간과 인력, 돈을 써야 하기 때문이었죠.

　주변의 반대에도 흥선 대원군의 고집을 말릴 수 있는 사람은 아무도 없었어요. 경복궁을 다시 짓기 위해서 수많은 백성들이 동원되었고, 그 비용을 충당하기 위해서 **당백전**을 무리하게 발행하면서 백성들의 삶은 더욱 힘들어졌어요. 이로 인해 민심도 멀어지게 되었고, 아들인 고종이 점차 성장하면서 아버지와 의견을 달리하게 되자 정치판에서서 물러서야 했지요.

　어느 날 고종은 아버지 흥선 대원군의 집과 궁이 연결되어 있는 문을 잠가 버려요. 일이 있을 때마다 빠르게 달려와 처리하기 위해 만들어 놓은 작은 문이었지요. 하지만 그 문을 막아 버림과 동시에 아버지와 아들 사이도 끝이 났어요. 흥선 대원군은 조선 왕실을 튼튼히 하기 위해 평생 동안 무척 노력했어요. 굳게 닫힌 문 앞에서 그는 얼마나 허무했을까요?

2 심층 취재

서양과의 수교를 거부한 흥선 대원군

흥선 대원군은 집권하는 동안 조선을 찾아오는 서양의 여러 나라들과 수교를 거부합니다. 그래서 변화를 싫어하고 현실을 외면했던 꽉 막힌 사람으로 여겨지기도 하는데요, 그의 통상 수교 거부 정책은 어떤 결과를 낳을지 궁금해 집니다.

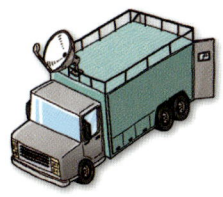

청을 통해 전해진 서양의 과학 기술, 그중에서도 특히 무기 관련 기술에는 관심이 많았거든요. 또 흥선 대원군의 부인도 천주교 신자였어요.

그러나 경계심을 늦추지는 않았어요. 흥선 대원군은 서양에서 들어오는 물건들은 신기하고 인상적이긴 했지만 생활에 꼭 필요한 것은 아닌 반면, 조선에서 생산하는 물건은 쌀이나 면처럼 국가 경제에 중요한 물건이 대부분이라는 것을 파악했어요. 그 상태에서 교역하면 백성의 삶이 망가질 수도 있다고 생각한 거죠. 그래서 처음에는 관대하게 대했던 천주교도 조선의 전통문화와 충돌하는 면을 보이자 고민을 하게 되었죠.

때마침 청이 서양 세력에 무릎을 꿇는 모습을 보면서 흥선 대원군은 서양 세력이 두려워지기 시작했어요. 아직은 **문호 개방**을 할 때가 아니

> 흥선 대원군이 처음부터 서양의 나라들을 아예 무시했던 것은 아니었습니다.

김역사 기자

문호 개방

마음대로 드나들게 터놓음을 뜻해요. 즉 자기 나라의 영토를 열어서 외국 사람에게 무역, 여행 등을 할 수 있도록 허락하는 것을 말해요.

외규장각

조선 시대 도서관이라고 할 수 있는 규장각의 부속 도서관입니다. 규장각에서 보관하던 왕실 서적, 『조선왕조의궤』 등을 보다 안전하게 관리하기 위하여 인천 강화도에 만들었어요.

라고 생각을 굳히게 되었지요. 그 사이에 군사력을 키워 국방의 강화에 힘쓰고 무기를 신식으로 개량하며 서양의 침입을 막을 준비를 했어요.

한편 유교를 공부하는 선비들로부터 천주교를 탄압하자는 상소문이 끝없이 올라왔어요. 결국 흥선 대원군은 조선에 들어와 있던 프랑스 선교사를 모두 내쫓았어요. 그것도 모자라 프랑스 선교사 9명과 조선의 천주교도 수천여 명을 모두 죽이지요. 이 소식을 전해 들은 프랑스는 조선에 책임을 묻는다는 핑계로 조선을 침략하고 수교할 것을 강요했지요.

프랑스는 함대를 끌고 와 1개월 동안 강화도를 점령했지만 조선군은 필사적으로 프랑스군의 공격을 막아냈어요. 하지만 도망치던 프랑스군은 관아에 불을 지르고, 막대한 금과 은, 책 등을 훔쳐갔지요. 강화도에는 **외규장각**이 있었는데 이곳에 있던 책을 모조리 가지고 도망친 거예요. 이 사건이 병인년에 일어났기 때문에 병인양요라고 해요.

프랑스 외에 다른 나라와의 갈등도 있었어요. 병인양요 이전에는 미국 배가 대동강을 거슬러 평양에 나타나 통상을 요구했어요. 당시 서양과의 교류는 엄격하게 금지되어 있었기 때문에 이를 들어주지 않자 행패를 부렸어요. 분노한 평양 사람들은 이 배를 불태워 버렸지요. 배 이름이 제너럴 셔먼호였기 때문에 이 사건을 제너럴 셔먼호 사건이라고 해요. 이를 안 미국은 몇 년 뒤 군함을 이끌고 강화도로 쳐들어옵니다. 조선군은 목숨을 걸고 싸워 이를 물리치죠. 이 사건이 신미년에 일어났기 때문에 신미양요라고 불러요.

무덤을 파헤치는 야만인들, 커져가는 서양에 대한 적개심

흥선 대원군은 신식 무기와 대포 등을 앞세워 강제로 교류하자는 서양 세력을 두 번이나 막아내면서 자부심까지 생겼어요. 그리고 절대 서양과 수교하지 않겠다는 다짐을 하게 됩니다. 그리고 그것을 알리기 위해 서울의 종로와 전국에 척화비를 세워요. '척화비'란 철저하게 서양과의 교류를 끊겠다는 내용이 적힌 비석이지요.

사실 흥선 대원군이 서양에 강경한 태도를 취하고 통상 수교 거부 정책을 굳건히 하게 된 계기가 있어요. 독일 상인인 오페르트가 흥선 대원군의 아버지인 남연군의 묘를 파헤쳐 시체를 가져가려 한 사건 때문이었죠. 조상에 대한 효를 중시하는 조선의 문화를 알아채고는 시체를 가져가 통상 협상을 유리하게 하려는 의도였어요. 하지만 묘가 워낙 튼튼하게 지어져 실패하고 도망을 가요.

왕실의 무덤을 파헤치려는 끔찍한 이 사건은 조선 전체를 발칵 뒤집어 놓았어요. 서양인들은 부모의 묘마저 파헤치는 야만인들이라고 생각하게 된 거예요. 이로써 서양인에 대한 대원군과 조선 사람들의 적개심은 더욱 커졌고, 천주교에 대한 탄압도 더욱 심해졌어요.

▶ 척화비
서양 오랑캐가 침입하는데, 싸우지 않으면 화친하자는 것이니, 화친을 주장함은 나라를 파는 것이다.

파락호 흥선 대원군과 김용환

파락호 흥선 대원군

철종이 병든 모습을 보며 기회가 올지도 모른다는 것을 직감한 흥선 대원군은 일부러 파락호처럼 생활했어요. 파락호란 재산이나 세력이 있는 집안의 자손으로서 집안의 재산을 몽땅 털어먹는 난봉꾼을 이르는 말이지요.

그는 일부러 안동 김씨들의 잔치에 나타나 허겁지겁 술과 안주를 먹었어요. 또 벼슬아치들의 놀이가 벌어진 곳에도 등장해 남은 음식들을 먹어 치웠지요. 그 꼴을 보며 안동 김씨들과 벼슬아치들은 흥선 대원군을 하찮게 여기며 비웃었어요. 또 장터에서 평범한 백성들과 거리낌없이 어울렸지요. 돈이 떨어지면 제법 훌륭한 솜씨로 난초를 그려 돈 있는 양반들을 찾아가 팔아 달라고 애원했어요.

그러니 아무도 몰랐을 수 밖에요. 파락호 흥선 대원군에게 정치적 야심이 있었다는 것을요. 파락호 생활을 하며 안동 김씨의 시선에서 벗어날 수 있었던 흥선 대원군은 정권을 잡은 후 조선의 개혁을 위해 과감한 칼날을 휘둘렀답니다.

또 다른 파락호, 김용환 선생

안동에 살던 김용환 선생은 조선 중기 유명한 유학자인 학봉 김성일 선생의 후손이었어요. 가문의 종손으로서 지금 돈으로 200억이나 되는 유산을 물려받았지요. 하지만 일제 치하에서 김용환 선생은 노름판에서 이 재산을 다 날렸어요. 노름에서 이기면 딴 돈을 들고 유유히 사라졌고, 노름에서 지면 하인을 불러 몽둥이로 사람들을 패고 돈을 가져갔어요.

모두들 명문가를 망하게 만든 벼락 맞을 종손이라 불렀지만 세월이 지나 모든 것이 밝혀졌어요. 김용환 선생은 일제의 눈을 피하기 위해 파락호 생활을 하며 그 모든 돈을 독립운동 자금에 보탠 거예요. 해방 이후 이 사실을 세상에 알리라고 친구가 권했지만 선비로서 할 일을 했다며 거절했지요. 또 이 돈을 일제의 눈을 피해 전달했던 친구 안희제 선생은 한 푼도 빼돌리지 않고 임시 정부와 독립군에 정확히 전달했다고 하지요. 두 사람의 우정과 애국심을 느낄 수 있답니다.

흥선 대원군 | 문을 닫아 나라를 보호하라

고종훈의 한국사 브리핑

인물 핵심 분석 ▶ 흥선 대원군

QR 코드를 찍으면 고종훈 선생님의 강의를 볼 수 있어요.

- 시대 ▶ 1820년~1898년
- 별명 ▶ 애국주의자, 신토불이남
- 제일 싫은 것 ▶ 노란 머리에 파란 눈을 가진 외국인들
- 좌우명 ▶ 우리 것을 지키는 것이 가장 옳은 것이다.
- 연관 검색어 ▶ 척화비, 호포제, 고종, 명성 황후
- 역사적 중요도 ▶ ★★★★☆
- 시험 출제 빈도 ▶ 높음

흥선 대원군은 세도 정치를 타파했어요.

흥선 대원군은 실권을 잡자마자 안동 김씨 세력을 조정에서 내쫓았습니다. 그리고 안동 김씨 세력들이 꽉 잡고 있던 비변사의 기능을 축소하고 의정부를 부활시켰지요.

흥선 대원군은 왕권 강화를 위해 힘썼어요.

임진왜란 때 불탔던 경복궁을 다시 세워 왕권을 강화하려 하였어요. 이 과정에서 무리한 자금 조달과 부역으로 힘들어진 양반 및 일반 백성의 분노가 커지는 일이 발생했어요.

각종 개혁 정책들을 펼쳤어요.

흥선 대원군은 서원을 정리해 붕당의 근원지를 없애버렸습니다. 이것으로 많은 유생들의 불만을 사기도 했지요. 또한 호포제와 사창제를 실시해 백성의 환영을 받았습니다.

인물 관계 분석

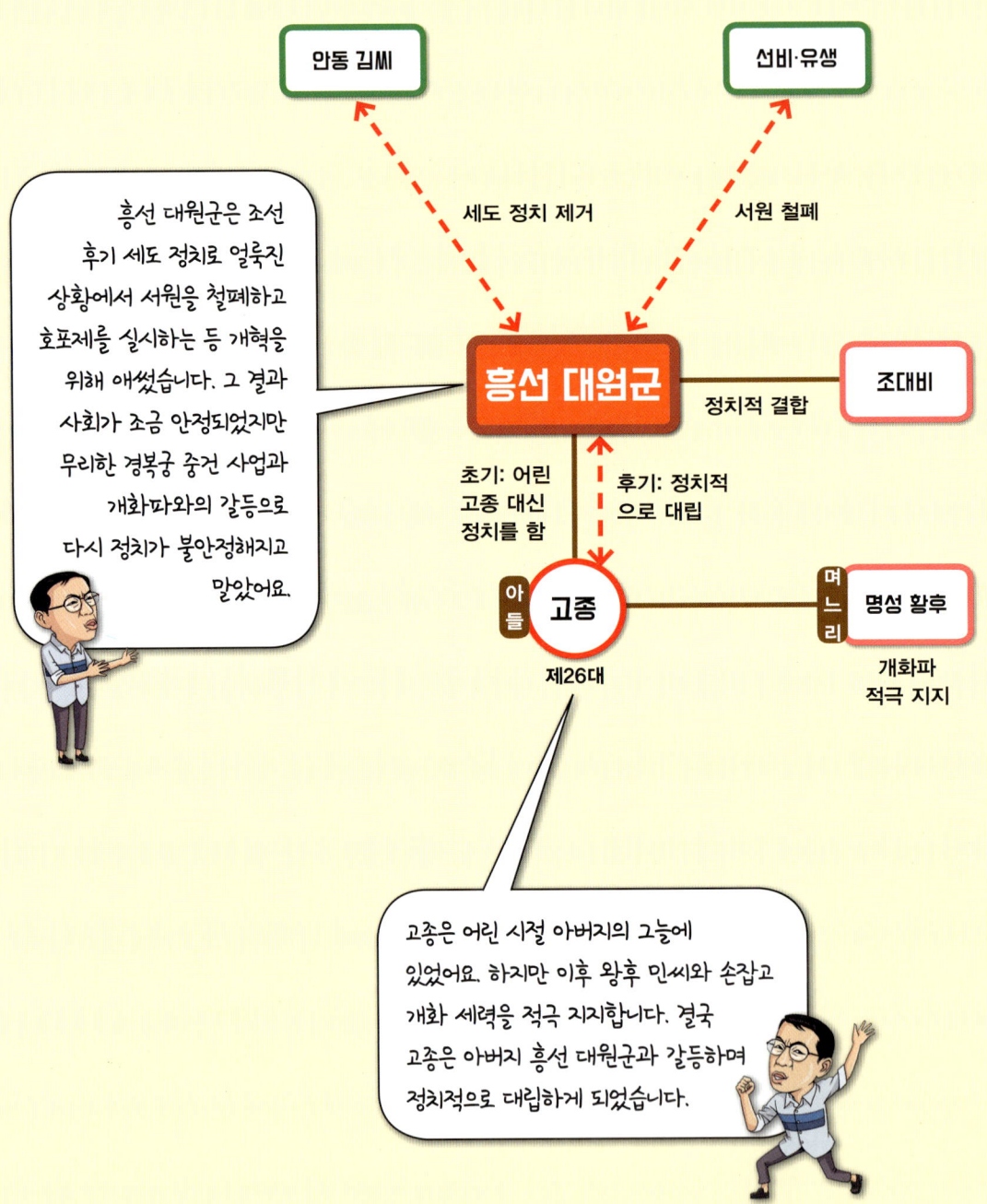

19 明成皇后

외교로 돌파구를 찾아라

시대 1851년~1895년

타임라인 뉴스

1851 민치록의 딸로 태어나다

1866 왕비로 간택되다

1876 강화도 조약을 체결하다

1882 임오군란으로 피신을 떠나다

1895 을미사변으로 일본 자객의 손에 죽다

1 심층 취재

생방송 한국사

다른 왕실 여인처럼 왕의 뒤에서 수렴청정을 한 것이 아니라 당당히 남편 옆에서 조언을 하며 정치판에 뛰어든 여성, 명성 황후에 대한 소식이 심층 취재로 준비되어 있습니다. 같이 보시죠.

명성 황후는 인현 왕후의 집안으로 유명한 여흥 민씨 가문에서 민치록의 딸로 태어났습니다.

김역사 기자

명성 황후는 어릴 적부터 매우 총명했어요. 흥선 대원군이 며느리감을 고를 때 부인 민씨는 명성 황후를 추천했습니다. 그녀는 명성 황후와 친척뻘이었는데 평소 명성 황후를 눈여겨보고 마음에 들어 했거든요.

흥선 대원군은 세도 정치를 겪으며 외척 정치를 매우 경계했어요. 그래서 며느리의 친정 가문에 많이 신경 썼지요. 그는 명성 황후가 남자 형제들이 없고, 명문가이면서도 몰락하여 권세가 강하지 않은 것이 마음에 들었어요. 그런 이유 때문에 명성 황후는 중전에 오를 수 있었어요. 그러나 명성 황후가 정치에 개입하지 않을 것이라고 생각한 것은 흥선 대원군의 착각이었답니다.

명성 황후는 흥선 대원군이 자신을 허수아비 같은 왕비로 앉히고 싶어 한다는 것을 알고 있었어요. 궁에 들어간 초기, 명성 황후는 많은 책을 읽으며 자신의 정치적 능력을 발휘할 때를 조용히 기다렸어요. 명성 황후는 평소에 중국 역사책을 즐겨 읽었다고 해요. 특히 춘추 전국 시대에 관심이 많았는데, 여러 제후들이 영토 다툼을 하면서 벌이는 외교술에서 조선이 나아가야 할 외교의 방향을 찾기도 했다고 합니다.

흥선 대원군과 명성 황후의 사이가 틀어지게 된 것은 고종이 직접 정치를 하겠다고 나섰을 때부터였어요. 성인이 된 고종은 더 이상 아버지의 간섭 없이 나라를 다스리고 싶었어요. 마침 당시 조선 사회에는 흥선 대원군의 정책에 반대하는 사람들이 생겨나고 있었어요. 무조건 다른 나라와 수교를 거부하는 정책이나 무리한 경복궁 중건으로 사람들의 불만이 높을 때였거든요.

흥선 대원군은 며느리가 아들을 잘 설득해서 예전처럼 아버지의 말을 들으라고 충고해 주리라 기대했지만, 명성 황후는 오히려 고종의 편을 들며 흥선 대원군의 정책에 반대하기 시작했지요. 그리고 차근차근 궁궐 내에 자신의 편을 만들기 시작했어요. 명성 황후는 자신의 힘을 키우기 위해 흥선 대원군이 그토록 경계하던 외척 세력을 직접 끌어들여요. 이후로 20년 동안 이들은 부정부패로 엄청난 부를 쌓으면서 큰 권세를 누렸답니다. 그러자 조선의 선비들은 명성 황후를 비판하기 시작했어요.

"흥선 대원군이 10년간 모은 국가의 돈을 순식간에 다 써 버린 여자."

"우리 왕비는 세계 역사상 가장 나쁜 여자입니다. 그녀는 프랑스의 마리 앙투아네트보다 더 나쁩니다."

그들은 명성 황후가 왕비의 신분으로 왕의 정치에 개입하는 것을 부

▲ 명성 황후 생가

정적으로 생각하기도 했습니다.

고종과 명성 황후는 흥선 대원군의 정책에 반대하며, 여러 서양의 열강들과 외교 관계를 맺기 시작해요. 더 이상 문을 닫고 있는 것만이 나라를 지키는 일이 아니라고 생각한 거예요. 그러나 아무런 준비 없이 무작정 문을 활짝 여는 개화 정책은 여러 가지 문제점을 가져오고 말았어요. 개방과 더불어 외국의 문화와 문물이 쏟아져 들어오면서 조선은 국가적인 이익을 터무니없는 가격에 넘기기도 했고, 새로운 문물에 정신을 못 차리기도 했어요.

개화 정책 초기에 조선은 서구 문물을 받아들여 별기군이라는 신식 군대를 만들었어요. 별기군은 양반의 자식들로 꾸려졌고, 좋은 대우를 받았지요. 그러나 고되게 일하는 구식 군대는 당시 월급도 제대로 받지 못하는 등 차별 대우를 받았어요. 이에 분노한 구식 군대가 난을 일으켰는데 이 사건을 **임오군란**이라고 해요.

임오군란 때 명성 황후는 목숨이 위험한 지경에까지 이르렀지만 궁녀의 옷을 빌려 입고 겨우 궁궐을 탈출하는 데 성공했어요. 임오군란으로 다시 집권한 흥선 대원군은 명성 황후가 죽었다고 발표하고 장례를 치르려고 했어요. 이때 명성 황후는 자신이 살아 있음을 알리고 청에 도움을 구했지요. 청 군대는 흥선 대원군이 임오군란의 주동자라고 말하며 강제로 청으로 끌고 갔어요. 임오군란 진압에 큰 도움을 준 청은 조선을

임오군란

'임오년에 군사들이 일으킨 난리'라는 뜻이에요. 임오군란 때 구식 군인들은 정부의 고관을 죽이고, 일본 공사관을 불태웠으며, 별기군의 일본인 교관을 살해했어요. 그 결과 민씨 세력이 정권을 잡고 청의 내정 간섭이 심화되었지요.

224 명성 황후 | 외교로 돌파구를 찾아라

두고 벌어진 강대국들의 세력 다툼에서 유리한 위치에 서게 되지요.

그 무렵 조선에서는 청의 간섭과 조선의 소극적인 개화 정책에 반대하는 급진적인 개화파를 중심으로 조선의 정치를 바꾸려고 한 **갑신정변**이라는 사건이 일어나요. 명성 황후는 이 사건 또한 청을 끌어들여 진압했어요. 그 후 청의 힘이 너무 커지자 러시아에 의지하기도 했어요. 고종은 모든 외교 문제를 명성 황후와 상의했지요.

이렇게 조선의 외교 문제를 좌지우지하던 명성 황후가 못마땅했던 일본은, 자객들을 보내 한 나라의 왕비를 죽이는 파렴치한 행동을 저질러요. 그들은 증거를 없애려 그녀의 시체를 불태우기까지 하지요. 그녀는 죽은 지 2년이 지나서야 장례를 치를 수 있었고, 고종이 황제에 오르고 나서야 '명성'이라는 이름도 얻었어요.

조선 말 궁에 드나들며 명성 황후를 만났던 사람들의 기록에 의하면 명성 황후는 세계가 돌아가는 사정에 관심이 많았고, 조선의 이익을 생각하는 외교관적 자질이 풍부한 여성이라는 말도 나오죠. 또한 일본이 한 나라의 왕비를 죽였다는 것은 반대로 생각해 봤을 때, 그녀가 조선에 미치는 정치적·외교적 영향력이 컸다는 증거이기도 해요.

명성 황후의 외교 정책은 조선이 근대화를 이루는 데 기여하지 못했고, 그녀가 등용한 민씨 일가들이 세도 정치 시절 못지않게 부정부패를 저지른 것 또한 사실이에요. 백성들의 삶도 제대로 챙기지 못했죠. 하지만 당시 조선의 상황을 극복하기 위해 적극적으로 외교에 나섰다는 점, 조선을 차지하려는 강대국들 틈에서 줄다리기를 하려고 했던 점에서 외교관으로서 명성 황후의 모습을 읽을 수 있어요.

갑신정변

'갑신년에 일어난 정치상의 큰 변화'라는 뜻이에요. 청에 대한 자주권, 신분 제도 폐지, 조세 제도 개혁 등을 통해 근대 국가를 수립하려고 하였으나, 청 군대의 개입으로 3일 만에 실패로 끝났어요. 근대 국민 국가 건설을 목표로 한 최초의 정치 개혁 운동이라는 의의가 있답니다.

명성 황후 시해 사건 :
작전명 '여우 사냥'

김역사 기자입니다. 저는 지금 경복궁에 나와 있습니다. 이곳에서 조선의 왕비인 명성 황후가 일본 자객들에 의해 살해되는 사건이 일어났다고 합니다. 왕이 사는 궁궐 안에서 한 나라의 왕비를 외국인들이 와서 죽이다니, 정말 충격적인 사건이 아닐 수 없습니다. 어떻게 된 일인지 알아보도록 하겠습니다.

1895년 10월 8일, 일본 자객들은 궁궐을 지키던 군인들을 총으로 쏴 죽이고 궁궐로 난입합니다. 그리고 경복궁 제일 안쪽에 있는 궁궐인 건청궁 곤녕합을 향해 달려갔어요. 곤녕합은 명성 왕후가 머물던 곳이었어요.

"여우를 사냥하겠다!"

여기서 '여우'는 명성 황후를 가리키는 암호였습니다. 명성 황후를 죽이려는 계획을 그들은 '여우 사냥'이라고 불렀지요.

그들은 궁녀들을 마구 끌어냈어요. 일본칼을 찬 20~25명의 일본 자객들은 닥치는 대로 여인들의 머리채를 잡았지요.

"네가 왕비냐?"

명성 황후는 미처 빠져나가지 못하고 궁녀들 틈에 섞여 살해되고 말았어요. 그들은 명성 황후의 얼굴을 제대로 알고 있지 않았기 때문에 많은 궁녀들을 같이 죽였지요. 그리고 명성 황후의 시신을 근처 숲에서 석유를 끼얹어 태우기 시작했어요. 이 사건을 명성 황후 시해 사건, 또는 '을미년에 일어난 변'이라는 뜻에서 을미사변이라고 합니다.

당시 조선을 두고 일본, 청, 러시아는 서로 세력을 다투고 있었는데, 명성 황후는 일본을 멀리하기 시작했어요. 조선 내에서 일본의 힘이 너무 커지는 것이 조선에게 유리할 리 없다고 판단한 거죠.

명성 황후 | 외교로 돌파구를 찾아라

　임오군란 후 명성 황후는 청을 가까이 했지만 청이 청일 전쟁에서 패하는 것을 보고는 외교 파트너로 러시아를 선택했어요. 그녀는 러시아와 친한 친러파들을 주요 관직에 앉혔지요. 그런 명성 황후 때문에 조선에서 좀처럼 힘을 키울 수 없었던 일본은 급기야 명성 황후를 없애는 것으로 결론을 내었지요.

　명성 황후 시해 사건을 계획하고 총책임을 맡은 사람은 미우라 공사였어요. 그는 치밀한 계획으로 '여우 사냥'을 성공시키고는 고종에게 가서 흥선 대원군과 훈련대 해산에 불만을 품은 조선인 훈련대가 일으킨 일이라고 거짓말을 해요. 고종과 세자는 진실을 알고 있었지만, 목숨을 지키기 위해 아무 말도 할 수 없었어요.

　하지만 일본은 진실을 가릴 수 없었습니다. 우연히 사건을 목격한 러시아인들의 목격과 증언이 있었기 때문이지요. 사건 후 일본은 남의 나라 왕비를 죽였다는 국제 사회의 비난을 피하기 위해 재판을 열어요. 일본은 관리를 해임하고 관계자 48명을 감옥에 보냈지만, 증거가 충분하지 않다며 전원 석방시켰지요. 한 나라의 왕비가 죽었는데 아무도 벌을 받지 않다니 참으로 억울하고 분한 일입니다.

　그 후 고종은 불안감에 시달리다 얼마 뒤 일본인들 몰래 러시아 공사관으로 피신해 버려요. 이를 아관 파천이라고 하지요. 하지만 러시아는 고종을 보호해 준다는 이유로 조선에서 많은 이득만 챙겼고, 조선의 자주성과 국력은 크게 손상되었답니다.

고종훈의 한국사 브리핑

인물 핵심 분석 ▶ 명성 황후

QR 코드를 찍으면 고종훈 선생님의 강의를 볼 수 있어요.

- 시대 ▶ 1851년~1895년
- 별명 ▶ 외교 왕비, 여우, 총명녀
- 나의 평가는? ▶ 유능한 외교관? VS 나라 망친 왕비
- 좌우명 ▶ 좋은 것을 받아들여 부강한 나라를 만들자.
- 라이벌 ▶ 시아버지
- 연관 검색어 ▶ 흥선 대원군, 을미사변, 임오군란
- 역사적 중요도 ▶ ★★★★☆
- 시험 출제 빈도 ▶ 높음

흥선 대원군은 명성 황후를 며느리로 맞았어요.

흥선 대원군은 세도 정치를 걱정해 일찍이 아버지를 여의고 집안에 힘이 없는 명성 황후를 택한 거예요. 하지만 명성 황후는 궁에서 생활하며 많은 독서를 통해 지식과 국제적인 감각을 쌓았습니다.

명성 황후는 고종과 함께 개화정책을 지지했어요.

남편인 고종이 성인이 되자 시아버지를 정치에서 제외시키고 개화 정책을 실시했어요. 명성 황후는 조선도 나라 문을 열 때라고 생각하고 **조선을 차지하려는 강대국에 외교로 맞서려** 하였습니다.

을미사변으로 비참한 죽음을 맞았어요.

외교전에서 소외된 일본은 명성 황후를 못마땅하게 생각하게 되었습니다. **결국 일제는 자객을 보내 명성 황후를 죽이는 일을 저질렀어요.** 이 일로 놀란 고종은 궁에서 나와 러시아 공사관으로 몸을 피했습니다.

1 헤드라인 뉴스

농민이 주인 되는 세상을 꿈꾸다

조선에서 놀라운 일이 벌어지고 있습니다. 그동안 고분고분 정부의 말만 듣던 백성들이 이제 조직적으로 일어나 새로운 사회를 만들고, 나아가 나라를 지키려고 합니다. 이들의 활동을 지켜봐 주십시오.

> 조선이 안팎으로 어지러울 때 백성의 삶도 말이 아니었어요.

김역사 기자

세도 정치 시기에 권력을 주름잡던 안동 김씨와 풍양 조씨에 이어 민씨 집안의 부정부패는 끝이 없었어요. 계속 부당한 세금만 걷어갔지요. 이런 문제들을 해결하고 '모든 사람을 귀하게 여기는 세상'을 만들 수는 없을까요? 동학 농민 운동은 이런 마음에서 시작한 백성의 저항 운동이랍니다.

동학이 무엇인지 궁금하다고요? 동학은 지금의 천도교로, 우리나라에서 탄생한 민족 종교예요. 신분을 나누던 유교와 달리, 세상의 모든 인간은 평등하다는 것을 주장한 종교이지요. 사람이 곧 하늘만큼 중요한 존재라는 '인내천' 사상을 주장하여 백성들에게 큰 위로가 되었어요. 서학(천주교)으로 대표되는 서양의 침략으로부터 나라를 구하고 백성을 편안하게 한다는 반외세적인 성격도 가지고 있답니다.

전봉준 | 새야 새야 파랑새야

동학 농민 운동은 전라도의 한 부자 마을인 고부에서 시작되었어요. 조병갑은 아주 유명한 탐관오리였어요. 그는 **만석보**라는 저수지가 있는데도 또 새로운 저수지를 짓게 하고, 그 대가로 물세를 걷었어요. 또 자신의 아버지를 기리기 위한 비석을 세운다며 세금을 걷어갔어요.

참다못한 마을 사람들은 관아로 달려가 억울함을 호소했지만 조병갑은 잘못을 뉘우치기는커녕 이런 백성들을 몽둥이로 때리며 엄하게 다스렸어요. 이때 전창혁이라는 사람 역시 체포되어 매 맞아 죽게 되었는데요, 그는 훗날 동학 농민 운동을 이끄는 지도자 전봉준의 아버지였어요.

몰락한 양반 가문 출신인 전봉준은 서당 선생님으로 아이들을 가르치거나 한의학 지식을 이용해 한약을 지어주며 살았어요. 아버지의 복수를 위해, 그리고 죄 없이 고통 당하는 고부에 사는 백성들을 위해 전봉준과 20명의 동학 교도들이 모였지요. 이들은 종이 한 가운데 사발 그릇을 엎어 놓고 그 둘레에 한 사람씩 자신들의 이름을 돌아가면서 썼어요. 그리고 고부 관아를 부순 뒤 조병갑의 목을 베고 전주성을 격파하겠다는 계획을 세웠어요. 더 나아가 수많은 탐관오리를 채용하고 멋대로 권력을 주무르는 명성 황후와 민씨 가문을 제거하겠다는 계획도 세우죠.

1894년 2월, 전라도 고부에 수천 명의 사람들이 모이자 그 앞에 녹두 장군 전봉준이 모습을 나타냈어요. 왜 녹두 장군이냐고요? 전봉준은 키가 작고 다부진 몸 때문에 '작은 콩 녹두'라는 별명이 있었거든요.

수천 명의 사람들은 전봉준의 군대와 함께 고부 관아로 쳐들어갔습니다. 이미 달아난 조병갑을 추방시키고, 나쁜 관리들을 처벌했지요. 또한 세금을 걷는 장부를 불태우고, 억울하게 옥에 갇힌 사람들을 풀어 주었

만석보

아무리 가물어도 이 저수지에서 물을 끌어다 쓰면 풍년 농사를 지을 수 있다고 해서 '만석보'라고 불렀어요.

어요. 무기 창고를 열어 무기를 나눠 가진 뒤, 곡식 창고 안에 쌓여 있던 곡식을 백성들에게 골고루 나눠 주었어요.

조정에서는 새로운 군수를 보내 잘못된 것을 고칠테니 무기를 내려놓고 일터와 집으로 돌아가라고 했죠. 농민군과 전봉준은 그 말을 듣고 뿔뿔이 흩어졌어요. 그러나 정부는 갑자기 태도를 바꿨어요. 정부에서는 **안핵사** 이용태를 내려보내 봉기를 이끈 지도자들을 찾아내겠다면서 마을을 약탈했어요. 농민군은 더 이상 참을 수가 없었죠. 전봉준은 김개남과 손화중 같은 근처 지역의 동학 지도자들과 힘을 합치게 됩니다.

1894년 4월, 고부에서 다시 모인 백성들의 숫자는 무려 1만여 명에 달했지요. 전봉준은 봉기를 일으킨 이유를 이렇게 설명했습니다.

"우리는 사람으로서 지켜야 할 정의와 도리인 '의'를 지키기 위해 봉기를 일으켰다. 세상의 모든 사람들을 고통에서 구하고, 나라를 안전하고 견고하게 만들기 위해서다. 안으로는 탐관오리들의 머리를 베고, 밖으로는 난폭한 강대국들의 무리를 몰아내려고 한다."

그 말에는 나라 안에서는 탐관오리를 무찌르고, 나라 밖에서는 일본과 청과 같은 강대국들과 맞서겠다는 의지가 담겨 있었어요.

농민군은 무기라고는 대나무 창이나 농기구밖에 없었지만 좋은 세상을 만들어 보겠다는 마음 하나로 모였어요. 하얀 옷을 입은 농민군이 서 있는 곳은 산 전체가 새하얗고, 마치 고슴도치처럼 빼곡하게 바늘이 돋아난 것처럼 보였답니다. 동학 농민군은 관군을 무찌르기 시작했고, 전주성마저 점령할 수 있었어요. 동학 농민 운동은 이제 한 마을의 반란이 아닌, 나라 전체를 뒤바꿀 개혁 운동으로 성장한 거예요.

안핵사

조선 후기 지방에서 사건이 발생했을 때 처리를 위해 파견한 임시 직책으로, 주로 민란을 진정시키기 위해 파견되었어요. 목사·군수 등 인근 지역의 수령이 주로 임명되지요.

조정에서는 부랴부랴 군대를 파견하고 청에 군사를 보내 달라고 했지요. 그런데 과거에 맺었던 조약 때문에 청군이 들어오자 동시에 왜군도 들어왔어요. 이때 전봉준은 농민군 쪽에서 제시하는 개혁안을 받아준다면 전주성에서 물러날 뜻이 있음을 밝혀요. 조정에서도 더 이상 전쟁이 지속되는 것을 원하지 않아 받아들이기로 하지요. 이렇게 해서 맺게 된 것이 전주 화약입니다. 전주 화약에는 다음과 같은 내용이 담겨 있어요.

- 뇌물을 받거나 나라의 세금을 떼어먹는 나쁜 벼슬아치들을 처벌할 것
- 모든 종류의 차별을 없애고 노비 문서를 불태워 버릴 것
- 쓸데없는 이유로 걷어갔던 모든 잡다한 세금을 폐지할 것
- 왜와 내통하는 자는 엄하게 처벌할 것
- 토지를 평균으로 나누어 경작하게 할 것

농민들은 자신이 사는 지역을 다스리는 **집강소**라는 기관을 설치하고 스스로 개혁을 차근차근 진행할 수 있게 되었어요. 농민에게 스스로를 다스리는 힘이 생긴 것은 우리 역사상 처음 있는 일이에요. 평민들이 똘똘 뭉쳐 권력자에 대항해 얻어낸 값진 결과이지요.

집강소

동학 농민 운동 때 농민군이 전라도 지방의 각 군현에 설치했던 자치적 개혁 기구를 말해요. 농민 입장을 대표하면서 각 군현의 치안 유지와 행정 사무를 담당했어요.

녹두 장군 전봉준의 최후

조선을 향한 일본의 간섭이 점점 심해지면서 동학 농민 운동은 점차 다른 색깔을 띠게 되었다고 합니다. 일본의 침략으로부터 나라를 구하기 위해 일어난 애국 의병 운동으로 바뀐 것인데요, 일단 나라를 지키고 봐야 농민들이 원하는 개혁도 이룰 수 있을 테니까요. 농민군의 장수를 모시고 자세히 알아보겠습니다.

농민 장수 갑돌이

최신식 총을 가진 왜군을 무찌르는 건 무리였습니다. 왜군은 농민들을 잔인하게 학살하기 시작했지요. 심지어 양반이나 관군이 왜군을 도와 동학 농민군을 진압하기도 했어요. 같은 나라 사람들이 서로를 향해 총칼을 겨누기도 하는 어처구니 없는 상황이었어요.

전봉준 대장은 일단 농민군을 흩어지게 한 뒤 다시 전투를 준비하기로 결심했다고 들었습니다. 그런데 결국 전봉준 대장이 왜군에게 붙잡혔다고 하는데 그것이 사실입니까?

네, 사실입니다. 전봉준 대장은 다시 농민군을 조직하기 위해 김개남이라는 사람을 만나러 갔어요. 그런데 현상금에 눈이 먼 옛 부하가 잠자던 대장을 몽둥이로 쓰러뜨리고 왜군에 신고해 버린 거예요. 끌려가면서도 굳은 의지가 느껴지던 대장의 눈빛을 아직도 생생히 기억하고 있습니다.

동학 농민 운동에서 그들이 보여 준 저항의 정신은 항일 의병 전쟁으로 이어졌다고 합니다. 이상 뉴스를 마치겠습니다.

전봉준 | 새야 새야 파랑새야

 고종훈의 한국사 브리핑

인물 핵심 분석 ▶ 전봉준

QR 코드를 찍으면 고종훈 선생님의 강의를 볼 수 있어요.

시대 ▶ 1855년~1895년
별명 ▶ 녹두 장군
좌우명 ▶ 농민으로부터 시작한 개혁이 나라의 힘이다!
제일 싫은 사람 ▶ 탐관오리들 (특히 조병갑)
연관 검색어 ▶ 녹두 장군, 동학, 전주 화약, 집강소, 동학 농민 운동
역사적 중요도 ▶ ★★★★★
시험 출제 빈도 ▶ 높음

탐관오리들의 횡포가 극에 달했어요.

나라 곳곳에서 탐관오리들의 횡포가 심해지고 있었어요. 그중 고부 지역의 사또인 조병갑의 횡포에 항의하다 전봉준의 아버지가 억울하게 죽는 일이 발생했어요. 이 일을 계기로 **전봉준은 사람을 모아 관아를 습격하고 부패한 관리를 벌주었지요.**

동학 농민 운동이 일어났어요.

힘을 모은 농민들은 동학을 중심으로 뭉쳐 부패한 관리뿐 아니라 조선에 침입하려는 강대국에도 대항하였어요. 그러나 동학 농민군은 신식 무기를 갖춘 청군과 왜군 앞에 힘없이 무너지고 말았습니다.

전봉준은 죽고 말았지만 그의 정신은 이어지고 있어요.

전봉준은 부하의 밀고로 일제에 잡혀가고 말았어요. 전봉준이 꿈꾸던 차별 없는 세상은 그가 살아 있을 때는 이루어지지 못했지만 지금까지도 **녹두 장군 전봉준**이라는 칭호로 그의 정신이 이어지고 있습니다.

인물 연표 — 조선 후기

15대

광해군 1575~1641
재위 1608~1623

어린 나이에도 임진왜란으로 어려움을 겪는 백성을 잘 보살폈어요. 왕이 되어서는 중립 외교로 조선의 안전을 지켜냈지요.

허준 1539~1615

『동의보감』을 지어 조선의 실정에 맞는 의학서를 백성에게 보급할 수 있었어요.

16대
인조 1595~1649
재위 1623~1649

광해군의 중립 외교와 영창 대군 사건, 인목 대비 유폐 등을 반대하며 반정을 일으켜 왕이 되었어요. 하지만 자신의 정책이 정묘호란, 병자호란을 불러일으킬지는 몰랐었나봐요.

소현 세자 1612~1645

병자호란 이후 인질로 청에 잡혀갔지만 그곳에서 조선을 대표하는 외교관 역할을 했어요. 청의 발전된 문화를 받아들여야 한다는 생각을 했어요.

21대

영조 1694~1776
재위 1724~1776

경종과의 사이에서 마음고생을 많이 하고서 왕이 되었어요. 이 경험을 바탕으로 탕평책을 폈지만 영조 후반기는 노론의 세상이 되고 말았답니다. 그래도 똑똑한 영조는 신하들에게 휘둘리지 않고 조선 후기 문화 발전에 큰 역할을 했어요.

사도 세자 1735~1762

아버지와의 사이가 멀어진 데다가 붕당의 이간질까지 겹쳐서 죽음을 맞아야 했던 조선 왕실의 비운의 왕세자예요.

안정복 1721~1791

조선 후기에 들어 사람들은 우리의 것에 관심을 가지기 시작했어요. 안정복은 특히 우리 역사에 관심을 가지고 『동사강목』을 지었답니다.

22대

정조 1752~1800
재위 1776~1800

탕평에도 힘을 쏟았고, 각종 문화 발전에도 힘썼으며, 시대에 뒤떨어진 제도도 개혁해 조선 후기 문화를 부흥시키는 업적을 남겼답니다.

홍경래 1771~1812

평안도 지역의 차별과 세도 정치를 비판하면서 난을 일으켰어요. 한때 평안도 일대를 호령하는 세력으로 성장했지만 관군에게 패하고 말았지요.

24대

헌종 1827~1849
재위 1834~1849

헌종이 아들을 낳지 못하고 죽자 왕실은 발칵 뒤집혔어요. 결국 안동 김씨들의 세력이 더 커지기만 할 뿐이었어요.

25대

철종 1831~1863
재위 1849~1863

평민이나 다름없이 살던 철종은 헌종의 뒤를 이어 갑자기 왕이 되었어요. 당연히 세도 정치는 더 심해졌지요.

흥선 대원군 1820~1898

순조의 비였던 신정 왕후 조씨와 손잡고 자신의 아들이 왕위를 잇게 했어요. 어린 아들을 앞세워 조선을 다시 일으킬 과감한 개혁들을 펼쳐나갔지요.

17대 효종 1619~1659
재위 1649~1659

조선으로 돌아와 갑자기 죽은 형을 대신해 왕이 되었어요. 송시열과 함께 북벌을 준비했지만 실천하지는 못하고 죽었지요.

18대 현종 1641~1674
재위 1659~1674

아버지 효종과 어머니 인선 왕후의 죽음 당시 정계를 뒤흔든 예송 논쟁을 겪어야 했어요.

19대 숙종 1661~1720
재위 1674~1720

남인과 서인 사이에서 한꺼번에 정권을 바꾸는 환국을 일으켰어요. 환국 때마다 왕비도 바뀌면서 왕비마저 정치에 이용할 정도의 전략가라는 평을 듣기도 해요.

20대 경종 1688~1724
재위 1720~1724

희빈 장씨의 아들이에요. 배다른 동생인 영조와의 사이에서 당쟁의 희생양이 되었지요. 하지만 자신과 다른 붕당의 지지를 받는 동생을 죽이지 않고 자신의 뒤를 잇게 했어요.

정약용 1762~1836

정조를 도와 수원 화성을 지었으며, 다방면에서 실학을 연구한 학자이기도 해요. 500여 권의 저서를 남겨 실학 연구에 큰 보탬이 되고 있지요.

박지원 1737~1805

실학자 중에서도 상공업의 중요성을 강조한 사람이에요. 청의 선진 문물을 받아들이자는 북학 사상의 중심 인물이기도 하지요.

김홍도 1745~?

풍속화의 대가예요. 사람들이 살아가는 모습을 그림으로 표현해 서민 문화의 발달에 큰 발자국을 남겼답니다.

23대 순조 1790~1834
재위 1800~1834

정조가 갑자기 죽고 어린 나이에 왕이 되면서 처가 세력인 안동 김씨의 힘이 커지기 시작했어요. 세도 정치가 시작된 거죠.

26대 고종 1852~1919
재위 1863~1907

아버지 흥선 대원군의 전략으로 왕이 되었어요. 흥선 대원군의 섭정이 끝난 후에는 왕비인 명성 황후와 손잡고 개화 정책에 힘을 실어주었어요.

명성 황후 1851~1895

외교의 중요성을 알고 이를 조선에 이롭게 이용하고자 했어요. 하지만 세상은 호락호락하지 않았죠. 그 과정에서 목숨을 잃고 말았으니까요.

전봉준 1855~1895

탐관오리와 외세 앞에서 조선 백성은 전봉준과 함께 과감히 들고 일어났어요. 비록 봉기는 실패했지만 그 정신은 지금도 이어져 오고 있어요.

27대 순종 1874~1926
재위 1907~1910

『조선왕조실록』의 마지막을 장식한 임금이에요. 일제 앞에서 아무것도 할 수 없었던 안타까운 임금이죠.

찾아보기

ㄱ
갑인예송 80
강홍립 18
강화도령 192
거중기 158
경국대전 78
경세유표 162
경종 100, 106
고종 202
공납 16
광해군 12, 38
규장각 141, 145, 148
균역법 109
금난전권 150
기해예송 78
김만덕 152
김삿갓 188
김상헌 40, 42
김정호 134
김정희 117
김홍도 176
김효원 89

ㄴ
나선 정벌 66
남연군 202, 217
남인 79, 89, 130
남한산성 40
네르친스크 조약 69
노론 100, 106

ㄷ
대동법 16, 98
대동여지도 134
대리청정 122
대한 제국 206
동사강목 115, 132
동의보감 30
동인 89
동학 230

ㅁ
마과회통 163
명성 황후 222
모내기법 112, 179
목민심서 163
무수리 최씨(숙빈 최씨) 95
민유중 92

ㅂ
박규수 197
박문수 116
박연 70
박제가 171
박지원 166
발해고 133
백낙신 194
벨테브레이 70
벽파 142
병자호란 39
봉림 대군 41, 52
북벌 운동 61, 65
북정록 69
북학 사상 166
분조 14
붕당 88, 106

ㅅ
사대 19
사도 세자 108, 121, 140
사림 89
삼전도비 41
삼정의 문란 185
상평통보 99
서원 195, 213
서인 78, 89
선조 14, 29
성리학 33
세도 정치 184, 192
소론 101, 106, 130
소현 세자 40, 46
소현 세자빈 강씨 54
송시열 62, 78, 91
수원 화성 144
숙종 89
시파 142
신사임당 24
신유 69
신윤복 180
신정 왕후 198
신해통공 151
실학 130, 171
심의겸 89
심환지 142

ㅇ
아담 샬 47
안정복 131
언문지 133
언해구급방 33
언해두창집요 33
여우 사냥 226
열하일기 167
영조 106, 121
영창 대군 15, 20
예송 논쟁 78, 89
유계춘 196
유수원 170
유형원 160
육의전 150
윤휴 79
이원익 16
이이 24
이익 130, 161
이조 전랑 89
인목 대비 20
인선 왕후 61
인조 38, 46, 78
인조반정 21, 38
인현 왕후 92
임오군란 224
임진왜란 14, 30
임해군 14, 20

ㅈ
자의 대비 77
장용영 141, 145
장희빈(희빈 장씨) 93
전봉준 231
정묘호란 39, 62, 70
정약용 145, 157
정조 123, 140, 157
주자가례 78
중립 외교 18
지구의 48
진주 농민 봉기 194

ㅊ
채제공 117, 141
척화비 217
천문의 48
천주교 48, 159, 215
철종 193
초충도 25
최명길 40, 42, 53
친명배금 38, 50, 89

ㅌ
탈놀이 179
탕평비 107
탕평책 107, 140
택리지 133

ㅍ
판소리 179
풍속화 177

ㅎ
하멜 63, 72
하멜 표류기 72
한글 소설 179
한중록 126
허균 24
허난설헌 24
허목 79
허봉 25
허적 92
허준 29
헤이그 특사 207
현종 77, 89
혜경궁 홍씨 126
호포제 213
홍경래 184
홍국영 142
홍대용 170
홍봉한 108
화성성역의궤 146
환국 90
효명 세자 192, 198
효종 53, 59, 77
흠흠신서 162
흥선 대원군 199, 202, 212

한국사, 더 쉽고, 재밌고, 생생하게!

생방송 한국사 시리즈

총 10권

<〈생방송 한국사〉>에서 생생한 뉴스로 전해드립니다.

시대별 8권
선사 시대·고조선 | 삼국·가야 | 남북국 시대 | 고려
조선 전기 | 조선 후기 | 근대 | 근대·현대

종합편 2권
용어 편 (600개 어휘 정리)
문제 편 (한국사능력검정시험대비 문제 수록)

한국사 대표 강사 고종훈!!

수능한국사 강의 1인자 고종훈 선생님과 함께! 〈생방송 한국사〉로 한국사 완전 정복!!

- 수능 한국사 강의 독보적 1인자!
- 메가스터디 13년, 누적 유료 수강생 70만 명 돌파!
- 9년 연속 유료 수강생 1위!
- 한국사능력검정시험 고급 합격자 최다 배출!
- 〈생방송 한국사〉 시리즈 감수 및 동영상 강의

1. 역사 인물의 이야기를 통해 역사를 쉽고 재미있게 이해해요.
2. 다양한 방송 프로그램 형식으로 시대와 사건의 배경을 알아봐요.
3. 고종훈 선생님의 동영상 강의로 다시 한번 개념을 정리해요.
4. 용어 편, 문제 편으로 한국사능력검정시험까지 완벽하게 준비해요.

한국사 완전 정복

아울북

생방송 한국사 시리즈는 이런 내용으로 구성되어 있어요.

01 선사 시대, 고조선

우리 역사의 시작! 한반도에는 사람들이 언제부터 살기 시작 했을까?

02 삼국 시대, 가야

고구려, 백제, 신라의 물러날 수 없는 대결! 그리고 홀로 고고히 풍요를 누리던 가야의 이야기

03 통일 신라, 발해

천년 왕국 신라의 시작과 끝! 신라의 저력과, 광활한 영토를 차지했던 발해의 모습

04 고려

드높은 고려의 자긍심! 수많은 외적의 침략을 물리치고 나라를 지켜낸 고려의 이야기

05 조선 전기

유교의 나라, 백성의 나라. 드디어 조선이 시작됐다!

06 조선 후기

조선의 위기! 임진왜란 이후 조선의 운명이 달라지기 시작했다.

07 근대

일본과 서양 열강이 조선을 노린다! 어떻게든 조선을 지키고자 했던 우리의 슬픈 역사

08 근대, 현대

지금의 대한민국이 있기까지! 우리의 민주주의의 모습

09 용어 편
역사적 흐름 속에서 이해할 수 있도록 구성된 600개의 용어 정리

10 문제 편
개념 정리부터 한국사능력검정시험 문제까지 총정리